द्वीपांतर

[कहानी-संग्रह]

द्वीपांतर

यशोधारा मिश्र

अनुवाद

राजेन्द्र प्रसाद मिश्र

राधाकृष्ण प्रकाशन

ISBN : 978-93-91950-85-9

द्वीपांतर

पहला संस्करण : 2022

मूल्य : ₹495

प्रकाशक

राधाकृष्ण प्रकाशन प्राइवेट लिमिटेड

जी-17, जगतपुरी, दिल्ली-110 051

शाखाएँ : अशोक राजपथ, साइंस कॉलेज के सामने, पटना-800 006

पहली मंज़िल, दरबारी बिल्डिंग, महात्मा गांधी मार्ग, प्रयागराज-211 001

वेबसाइट : www.radhakrishnaprakashan.com

ई-मेल : info@radhakrishnaprakashan.com

मुद्रक

बी.के. ऑफ़सेट

नवीन शाहदरा, दिल्ली-110 032

DWIPANTAR

Stories by Yashodhara Mishra

Translated by Rajendra Prasad Mishra

क्रम

सूर्यास्त के आसपास

कल्लोला से फिर मुलाक़ात होनी थी, वह भी इसी शहर में और जीवन की इस ढलान पर। इस अनहोनी को अतनू किस चमत्कार या प्रभुकृपा में गिने अब। हालाँकि कल्लोला के लिए शायद यह जीवन की अनगिनत रोचक घटनाओं में से एक होगी।

नौकरी से रिटायर होने के बाद अब शिक्षानुष्ठानों में भाषण देने का काम उसे मिल जाता है। इस बार फिर प्रशासनिक सेवा के ट्रेनिंग-तीर्थ मसूरी अकादमी से उसे बुलावा आया है। दफ़्तर जाना ख़त्म हो जाने पर जीवन में लगभग एक ठहराव-सा आ गया था। बहरहाल कुछ नया घटित होने का अहसास होने लगा इन दिनों।

पर वह नहीं जानता था कि एक असली घटना इन्तज़ार में थी उसके लिए। मसूरी में रहने के दौरान दूसरे दिन, अकादमी की युवापीढ़ी के बीच विधिवत आदर-सत्कार और बीते दिनों की यादों के बाद अगले दिन सुबह लौटने की तैयारी हो चुकी थी। अकादमी के फाटक तक ढलानवाली सड़क पार करके बाहर का एक चक्कर लगाने निकला था वह, देखा सामने से पैदल आ रही है वह। पहचानने में एक मिनट भी नहीं लगा अतनू को, सिर्फ़ अपनी आँखों पर विश्वास नहीं हो रहा था इसीलिए उसने कुछ समय ले लिया। लेकिन कल्लोला कुछ असमंजस में थी।

अतनू बड़े-बड़े डग भरता हुआ उसके पास पहुँच गया, उच्छ्वास भरी मुस्कान के साथ बोला, "अरे कल्लोला, पहचान नहीं रही हो मुझे?"

फिर से अपनी छाती पर तर्जनी रखकर पूछा, "ज़रा पहचानो तो, कौन हूँ मैं?"

कल्लोला के चेहरे पर याद आ जाने-सी चमक दिखी, चिल्ला उठी वह, "तुम, एंटनी? एंटनी पाट्रा?"

अतनू ने नाटकीय हताशा से ललाट पर हथेली मारी, जबकि चेहरे पर कृतार्थभरी मुस्कान थी उसके।

नाम उसका कल्लोला है। जीवन में इस नाम के किसी और से नहीं मिला अतनू। उसी ने परिचय समारोह में आसपास की भीड़ के बीच अतनू से पूछा था, तुम्हारा नाम एंटनी है?"

महानदी किनारे एक मामूली से गाँव में बचपन बिताए, ओड़िशा के बाहर पहली बार आए युवक ने गम्भीर होकर जवाब दिया था, "नहीं, मेरा नाम अतनू पात्र है।"

उसके सीने पर लगी नाम की पट्टी के अंग्रेज़ी अक्षरों को पढ़ते हुए उच्चारण किया उस लड़की ने, "आटानू पाट्रा। वाव! एंटनी और क्लिओपाट्रा एक साथ?"

आसपास मस्ती करते लड़के-लड़कियों को ठहाका लगाने का बहाना मिल गया। अतनू की पीठ पर हथेली मारते हुए सरदार नरेंदर ने कहा, "नहीं, नहीं, सिर्फ़ एंटनी ही काफ़ी है। बल्कि कल्लोला, तुम इसके नाम के बाद वाला आधा ले लो, ख़ूब जमेगा, कला पाट्रा। क्लिओ पाट्रा।"

चारों ओर हँसी का फव्वारा फूट पड़ा। कला भी उनके साथ खिलखिलाकर हँस रही है, झूठे ग़ुस्से से हाथ उठाकर नरेंदर के पीछे भाग रही है। सिर्फ़ अतनू ने ही बुद्धू की तरह चेहरे पर किसी तरह एक मुस्कान लाई थी और मौक़ा देखकर वहाँ से खिसक लिया था।

कल्लोला रंगनाथन। आख़िरी बार मिली थी वहीं मसूरी के प्रशासनिक अकादमी में, पैंतीस साल पहले। एक मासूम-सी साँवली लड़की, छरहरी। चलते समय उसकी लम्बी वेणी इधर से उधर जाँघों में टकराती रहती। लगता, उसकी देह से अधिक वज़नी है उसकी चोटी, शायद उसे सँभालने के लिए ही वह अपना सिर कुछ तानकर चलती, इससे उसकी चाल में कुछ ऐंठ दिखाई देती। चला करती वह बहते बादलों-सी। मसूरी के बादल, एकाएक चले आते कहीं से और छा जाते चारों ओर से। पल में अलग कर देते बाहरी दुनिया से।

रेवेंशा कॉलेज से पढ़ाई पूरी करने के बाद अतनू को आई.ए.एस. की नौकरी मिलते ही साक्षात् राजपुत्र के स्तर तक पहुँच गया था वह लोगों की नज़रों में। उसके बेचारे स्कूल-मास्टर पिता ने जिन गण्यमान्य लोगों से कभी मिलने का साहस भी नहीं किया था, ऐसे मंत्री-कलक्टर आदि से अब बधाई मिल रही थी। बचपन से जिस मछली की आँख में जी-जान लगाकर निशाना साधा था, आज वह तीर बिंध

गया। तपस्या का फल हथेली पर रखा है। धोती के छोर से बीच-बीच में आँखें पोंछ लेते उसके पिता, रुँधे गले से कहते, भगवान ने मेरी मनोकामना पूरी कर दी। अब मुझे कुछ नहीं माँगना।

अब से कुछ पाने के लिए ज़्यादा कोशिश नहीं करनी होगी, ऐसा विश्वास होने ही लगा था कि ऐसे में यह कल्लोला रंगनाथन। सिर्फ़ कल्लोला ही नहीं, पूरे अकादमी में अलग-अलग सर्विस पाकर आए ऐसे बहुत थे जो उसका नाम आटानू पाट्रा कहते थे और बुलाते थे एंटनी। अतनू की तरह और भी कई थे जो बिना शिकायत उन लोगों के साथ घुल-मिल जाने की कोशिश करते थे। देश के दूर-दराज गाँवों से आए अतनू के समगोत्रीय लड़के आपस में छोटे-छोटे गुट बनाकर रहते थे और ट्रेनिंग ख़त्म होने का इन्तज़ार कर रहे थे। चलो उचकने दो, कितना उचकेंगे ये फिरंगी की औलाद। एक बार पोस्टिंग मिल जाए तो सब ठीक हो जाएगा।

कल्लोला हालाँकि पूरे अकादमी की लाडली थी, सबकी चहेती भी थी। ट्रेनिंग ख़त्म करके पोस्टिंग मिलते ही अतनू की शादी हो गई। उसके माँ-बाप ने कम-से-कम पच्चीस घरों की लड़कियाँ देखने के बाद शादी तय की थी। उसके बाद प्रोमोशन, बाल-बच्चे, घर-मकान जब जो होना था हुआ। कभी-कभार अकादमी की बातें भी होतीं दोस्त-यार मिलने पर। कोई कह रहा था कल्लोला ने सेंट्रल सर्विस छोड़ दी, शायद उसका पति बहुत अमीर है।

एक अरसे बाद आज उससे मिलने की ख़ुशी ज़रूर थी पर बात करने जैसी कोई बात सूझ नहीं रही है। कल्लोला कह रही है कि वह यों ही मसूरी घूमने आई है। अकादमी की ओर चली आई, लाइब्रेरी में कोई किताब ढूँढ़ने।

चलते-चलते दोनों अकादमी के अहाते में आए, बग़ीचे की बेंच पर बैठकर चाय पी। कल्लोला मोटी हो गई है, लम्बी वेणी अब नहीं है, बॉबकट करा लिया है। आधे बाल पक चुके हैं, बहरहाल रंग नहीं लगाया है। अतनू ने अपने शरीर के बारे में सोचा, वज़न बढ़ गया है पर उसकी ऊँचाई के कारण उतना मालूम नहीं पड़ रहा होगा। मई के महीने में मसूरी की साँझ की धूप में बैठकर दोनों बतियाने लगे। नौकरी-चाकरी, घर-द्वार के बारे में। बाल-बच्चों के बारे में। कौन दोस्त कहाँ है। कौन चले गए दुनिया की लीला ख़त्म करके। राजनीति की चर्चा भी बच नहीं पाई। अतनू ने कहा कि उसकी पत्नी भी आई होती पर बेटी की डिलिवरी होगी,

इसलिए मुम्बई गई है। कल्लोला की दोनों लड़कियाँ शादी के बाद से विदेश में हैं! उसके पति हिल स्टेशन आना पसन्द नहीं करते।

बातों-बातों में दोनों बता रहे हैं अपनी-अपनी उपलब्धियाँ, गृहस्थी में पैर रखने के बाद की सारी बातें। अतनू ने अन्य बातों की ओट में बता दिया कि वह उच्चतम सरकारी पद तक पहुँचकर सेवानिवृत्त हुआ है, विदेशों में अमुक-ढमुक काम से देश का प्रतिनिधित्व करने आदि के बारे में। फिर कल्लोला से पूछा, "अच्छा बताओ, तुमने नौकरी क्यों छोड़ दी?"

कल्लोला बताने लगी। उसके पति मैसूर के सबसे प्रतिष्ठित ज्वेलरी व्यापारियों में एक हैं। पहले उनका परिवार पीढ़ियों से सोने के आभूषण का व्यापार करता था, लेकिन आपस में बँटवारा होने के बाद अब हीरे का काम करते हैं। इसका अन्तर्राष्ट्रीय कारोबार बड़ा ही अद्‌भुत है। सिर्फ़ इस बात की ख़बर लगानी होती है कि दुनिया भर में बेशक़ीमती हीरे कहाँ-कहाँ हैं। धीरे-धीरे कल्लोला ने देखा कि वह सुबह से शाम तक पसीना बहाकर एक साल में जितना कमाती है, उसके पति सिर्फ़ एक ही दुर्लभ पत्थर बेचकर उससे अधिक कमा लेते हैं। पद-पदवी से जो कुछ मिलता है, वह सब कुछ भी आसानी से मिल रहा है। इसलिए उसने नौकरी छोड़ दी।

अतनू बोला, "वाह! ऐसा सौभाग्य सिर्फ़ एक महिला का ही हो सकता है, मुझे तो ईर्ष्या हो रही है।"

कल्लोला ने बेंच से खड़े होते हुए कहा, "मज़ाक़ कर रहे हो, मैं जानती हूँ।"

अतनू बोला, "अरे, तुम तो बिलकुल सीरियस हो गईं।"

कल्लोला दिल खोलकर हँसी। लॉन की घास पर पड़ी छाया की ओर दिखाकर कहा, "साँझ हो चुकी है, मुझे चलना होगा।"

अतनू भी कहते-कहते खड़ा हो गया, "इस इलाक़े में जो साँझ जैसी दिखती है, हो सकता है वह पहाड़ की परछाईं हो। कुछ दूर आगे साफ़ धूप खिली होगी, उधर दूर कहीं पर्वत के नुक्कड़वाले गाँव में लाइट भी जल चुकी होगी। साँझ से क्यों डर रही हो, क्या अकेली हो यहाँ?"

गेट तक साथ-साथ चलते हुए कल्लोला कहती है, "पर तुम बहुत बदल गए हो एंटनी। यह सफल जीवन के कमाल-सा लग रहा है। सच है न?"

"मज़ाक़ कर रही हो?"

"बिलकुल नहीं। तुम्हारा चेहरा, हाव-भाव, सब बदल गया है। मैंने तो पहचाना ही नहीं होता।

अतनू ने जवाब दिया, "कुछ नहीं, उम्र है।"

बाहर गेट के पास बदली हुई सड़कों और बाज़ारों के बारे में बातें करते हुए और कुछ दूर साथ-साथ चले जा रहे हैं दोनों। पहाड़ के किनारे-किनारे जा रही सड़कें भले ही इस बीच चिकनी-चौड़ी हो गई हैं, पर दूर की पर्वत श्रृंखलाएँ बिलकुल वैसी की वैसी हैं। समय की लाई हुई दूरी कुछ मिट जाने की तरह बातचीत भी हो रही है दोस्तों की तरह चलते-चलते। एक-दूसरे की बढ़ती उम्र, रँगे हुए बाल, बढ़े हुए वज़न पर टिप्पणी और हँसी-मज़ाक़ भी चल रहा है थोड़ा बहुत।

पते के लिए कार्ड लेन-देन करते समय अतनू ने पूछ लिया, "कल लंच के समय फ़्री हो?"

कल्लोला ने मना किया। कहा कि वह एक बुद्धिष्ट मठ में रह रही है। मेडिटेशन का कोर्स करने आई है। अतनू ने नहीं बताया कि वह ख़ुद कल सुबह-सुबह लौट जाएगा। उलटा इल्ज़ाम लगाते हुए बोला, "मुझे अब तक बताया क्यों नहीं? कह रही थी कि घूमने आई हूँ, किसी सहेली के घर में रहती हूँ।"

"झूठ कहा था।"

"क्यों?"

"धर्म-कर्म का नाम सुनकर कहीं खिल्ली न उड़ाने लगो, इसलिए।"

"आजकल मेडिटेशन तो फ़ैशन हो गया है, लड़के-लड़कियाँ भाग रहे हैं इसके पीछे। कहाँ है तुम्हारा वह सेंटर?"

"कल तो तुम वापस जा रहे हो, पता जानकर क्या करोगे? मैं भी शाम को ही फ़्री हो पाऊँगी। फिर कभी ज़रूर मुलाक़ात होगी।" अतनू अब भी उसके साथ-साथ चल रहा था। किस बारे में बात करे सोचते-सोचते बुद्धिष्ट मेडिटेशन सेंटर के बारे में इधर-उधर के सवाल कर गया। कल्लोला जवाब देते हुए पहाड़ी रास्ते में चलते समय हाँफ रही थी। आख़िर में रुककर खीज जाने-सी बोली, "ओहो, ज़रा चुप भी करो।"

अब जाकर अपनी ग़लती समझने-सा अतनू ज़रा झेंप गया। इस बीच कल्लोला रास्ते के किनारे बेंच पर बैठ गई थी। उसका चेहरा लाल पड़ने लगा था। छोटी-छोटी साँसें भरते हुए बोली, "आजकल चल नहीं पाती बिलकुल। आगे चौराहे से टैक्सी ले लूँगी।"

इस बार अतनू घबराया-सा बोला, "तो फिर इतनी दूर चलने की क्या ज़रूरत थी, टैक्सी मँगवा लेता। तुम नाहक परेशान हुईं, आई एम सो सॉरी।"

कल्लोला ने हाँफते हुए उसकी ओर हाथ हिलाकर कहा, "धत्।"

पर अतनू वाकई चिन्तित हो उठा था। कल्लोला आँखें मूँदे बेंच से पीठ टिकाए हुए है। पास बैठकर पीठ सहलाते हुए घबराए हुए स्वर में अतनू ने पूछा, "कोई दवा तो नहीं चाहिए...तबीयत ठीक तो है?"

"अरे नहीं, कुछ नहीं। बस दो मिनट में ठीक हो जाएगा।"

"चलो, मैं तुम्हारे साथ चलकर छोड़ आऊँ। आख़िर जान-बूझकर इतनी दूर चलने की क्या ज़रूरत थी?"

कल्लोला की साँसें सामान्य हो चुकी थीं। फिर भी वह उसी तरह बैठी हुई थी। बोली, "साथ-साथ चलकर इतनी दूर आई तो सही। सोचो, कितना रिस्क लिया मैंने तुम्हारे लिए।"

अतनू ने ज़रा रुककर देखा अधमुँदी आँखोंवाले उस चेहरे को, पर आँखें पूरी तरह खुलकर उससे मिलने से पहले ही वह उठकर चल पड़ा सड़क के उस पार खड़ी दो-चार टैक्सियों की ओर। कल्लोला, अतनू को साथ चलने से मना करके गाड़ी में बैठ गई, और दरवाज़ा बन्द करते हुए उसकी ओर देखकर होंठ दबाकर मुस्कराने लगी। कभी जो मुस्कान वह धड़ल्ले से बरसा जाती थी सब पर, अभी तक उसमें से थोड़ा-सा बचाकर रखा था कहीं शायद उसने। बुद्ध-सा उसकी ओर ताक़ रहे अतनू की ओर उसने हँसते हुए अपना हाथ बढ़ा दिया। खिड़की के बाहर से अंजुली पसारकर उसका हाथ थाम लिया अतनू ने। बोला, "वी मस्ट मीट सून कल्लोला। ज़रूर मिलेंगे हम, जल्दी।"

गाड़ी की खिड़की से दिख रहा हाथ आगेवाले मोड़ से ओझल होते ही अतनू ने निश्चय कर लिया था, जल्दी ही मुलाक़ात होगी। कल।

गेस्ट हाउस की सीढ़ियाँ चढ़ते समय अतनू ने सोचा, कल पूछेगा वह कल्लोला से, क्या था उसकी बात का मतलब। कुछ था भी या नहीं। क्या कल्लोला को याद है कि आख़िरी मुलाक़ात की बातचीत में भी यही शब्द आया था। रिस्क।

बातें कुल दो-चार बार ही हुई होंगी कल्लोला के साथ। उसमें से दो बार लाइब्रेरी में किताबें लेन-देन के समय। और दो बार अहाते के पिछवाड़े बेंच पर आसपास बैठकर। ग्रुप प्रेजेंटेशन के लिए दोनों एक ही ग्रुप में थे। कई बार विचार-

विमर्श करने के दौरान अनायास ही अतनू ने अपने दल का नेतृत्व ले लिया। उस दिन कल्लोला बोली, "लाइब्रेरी में नहीं, चलो बाहर कहीं बैठते हैं।" ग्रुप के अन्य लोग उस रूखे विचार-विमर्श के समय बीच से ही न जाने कब खिसक लिये थे वहाँ से। अकादमी के पिछले फाटक की ओर जो वह ढलान गई है लम्बे-लम्बे पाइन के पेड़ों की दो क़तारों के बीच से, वहीं हल्की धूप में बेंच पर दोनों आसपास बैठ गए। अतनू ख़ूब सोच-सोचकर प्वाइंट्स बोल रहा था, नोट-बुक में लिखे कुछ शब्दों को रेखांकित करते हुए समझाता जा रहा था कि किस बात पर कितना ज़ोर दिया जाएगा। इधर उसके दिमाग़ के भीतर कूल-किनारे की परवाह किए बिना तेज़ी से भाग रहा था एक और प्रवाह, कई स्वर, सुगन्ध और छवियों से भरा हुआ। कल्लोला भौंहें सिकोड़े सिर हिलाकर उसकी सारी बातें सुनती जा रही थी, अपनी नोट-बुक में लिखती जा रही थी एक-एक कर। सिर्फ़ उस दिन नहीं, प्रेजेंटेशन का फ़ाइनल ड्राफ़्ट भी दोनों ने तैयार किया वहीं बैठकर। आसपास धूप ढलने पर कल्लोला खड़ी हो गई, अपनी कॉपी-किताब उठाकर बोली, "चलो अब चलते हैं, ठंड पड़ेगी।" याद है, अतनू मिन्नतभरी नज़रों से देख रहा था हिमालय की दूर की चोटियों को, जहाँ सूर्यदेव उदारता के साथ अब और एक-आध घंटा ठहरेंगे ज़रूर। अहाते की बत्तियाँ जल उठी थीं। अतनू का बार-बार धन्यवाद करते हुए कल्लोला ने कहा, "अब तो मैं हमारे प्रेजेंटेशन का सारा क्रेडिट तुम्हें दूँगी, कोई माने या न माने।" जाते-जाते एक बार मुड़कर देखा था उसने और अब तक बेंच पर बैठे अतनू को देखकर हाथ हिलाया था। ये सारी बातें अब कल्लोला को याद रहीं या नहीं, कौन जाने।

आज गेस्ट हाउस की पिछली बालकनी में खड़े होकर वह पेड़ या बेंच कहाँ था अब तय नहीं कर पा रहा है अतनू। वो वहाँ था उसका कमरा। अकादमी का पुराना हॉस्टल अब नहीं रहा, लकड़ी से बने ब्रिटिश-ज़माने के दुमंज़िले मकान में आग लगने से जलकर राख हो चुका था कभी। आधुनिक ढाँचे का एक भवन है अब वहाँ पर। परिवेश से मेल खाती रुचि से बना है।

मसूरी अकादमी में ट्रेनिंग के आख़िरी कुछ दिन। एक दिन शाम को बग़ीचे में पार्टी हुई, नाच-गाना हुआ। रिकॉर्ड में बज रहे गानों के साथ जिसको जैसा भाया, डोलता रहा। जोश और मस्ती से उछलना-कूदना, हाथ-पैर झटकना चल रहा है। कभी-कभी जानी-पहचानी विदेशी ताल तो कभी अन्धाधुन्ध भाँगड़ा। और कभी

भूले-बिसरे हिन्दी गानों की मदमस्त धुन। गोरे-गोरे ओ बाँके छोरे, कभी मेरी गली आया करो...। एक-दूसरे का हाथ पकड़कर इस पैर से दूसरे पैर होते हुए एक साथ डोल रहे हैं सभी।

उनके बीच शामिल होने को सोचते-सोचते आख़िर तक डग नहीं बढ़ा पाया अतनू। सिर्फ़ वही नहीं, आधे से भी अधिक ट्रेनीज़ की हालत उसकी तरह थी। ये बेचारे शर्मीले भी इन सबमें मज़ा नहीं ले पा रहे थे, ऐसी बात नहीं। बीच मैदान में नाचनेवाले लड़के-लड़कियों को चारों ओर से घेरकर हथेलियों से ताल दे रहे थे वे लोग, थोड़ा-बहुत शोर भी मचा लेते थे। हिम्मत करके किसी नाचनेवाले लड़के का नाम लेकर पुकार लेते थे, वाहवाही करते थे। इन्हीं लोगों में खड़ा था अतनू भी। उसकी आँखें टिकी थीं सिर्फ़ किसी एक पर, उसके हाथ ताल दे रहे थे, उछल-उछलकर नाच रहे उन एक जोड़ी पैरों के साथ, अनजाने में उसकी देह भी इधर-उधर झूम रही थी एक लम्बी चोटी के साथ।

रात गहराने लगी। अब शोर-शराबे के साथ मौज़-मस्ती खिसक गई डाइनिंग हॉल में। अतनू चलते-चलते रास्ता बदलकर चला गया मैदान के बीच में। ख़ाली पड़ चुके मैदान में ठंडभरी चाँदनी में उसे दिख रहे थे पंख लगे हुए से हल्के दो पैर, एक ओर से दूसरी ओर टकराती एक वेणी। और दिख रहा था हमेशा के लिए हाथ से निकल गया एक अवसर।

दूर से किसी दोस्त ने पुकारा, "कौन है, अतनू? आज खाओगे नहीं क्या?"

दो दोस्तों के साथ जाते समय उसकी नज़र पड़ी बग़ीचे के किनारेवाले बेंच के हत्थे पर कपड़े जैसी किसी चीज़ पर, छोड़ गया है शायद कोई। क़रीब जाकर देखा अतनू ने, पहचानने में ज़रा भी देर नहीं लगी उसे, हल्के पीले रंग का कार्डिगन पहनकर आई थी आजकल्लोला। नाचते-नाचते गर्मी लगी होगी, देह से उतारकर शायद फेंक दिया होगा किनारे बेंच की ओर।

कार्डिगन हाथ में उठा लिया उसने, बोला, "कल ऑफ़िस जाकर लॉस्ट एंड फ़ाउंड में दे देंगे, कोई बेचारी छोड़ गई है।"

उस दिन फिर डाइनिंग हॉल न जाकर अतनू सीधे अपने कमरे में चला गया था। पीछे से दोनों दोस्तों ने कुछ कहकर चिढ़ाया था। रूममेट विजय के कुछ पूछने से पहले कार्डिगन को अख़बार में लपेटकर अतनू ने दोहराया था, "न जाने किसका है। कल सुबह लॉस्ट एंड फ़ाउंड में..."

बिस्तर पर लेटे हुए वह इन्तज़ार करने लगा दूसरी ओर की खाट के कम्बल के नीचे से विजय की गहरी नींद की आवाज़ का। वह आहिस्ता से उठकर टेबुल पर रखा पैकेट उठा लाया। ज़रा भी आवाज़ न होने देकर लपेटा हुआ काग़ज़ खोला। लगभग चौंक गया उस हल्की महक से। धीरे से कम्बल में ढक लिया, कहीं हवा में फैल न जाए। उसके बाद आकंठ साँस भरते हुए दोनों बाँहों के बीच गरमाते नर्म ऊन में मुँह छुपा लिया।

कार्डिगन की बात कल्लोला को अब बिलकुल याद नहीं होगी। अतनू के हाथ से वह पैकेट पाकर उस दिन उसने सिर्फ़ इतना भर कहा था एक निहायत मामूली बात की तरह, "अरे, मैं छोड़ आई थी क्या वहाँ? थैंक्स।"

सोने जाते समय विनीता का फ़ोन आया बम्बई से, "कब से फ़ोन लगा रही हूँ, उठा क्यों नहीं रहे?" अतनू ने कहा, "यहीं आसपास था, मोबाइल की आवाज़ कमरे से सुनाई नहीं दी। रुनू कैसी है?"

विनीता रुनू की तबीयत के बारे में बताने लगी, "डाक्टर ने कहा है कल एडमिट करने को। अभी एक हफ़्ता और बचा है डेट को, पर जल्दी हो जाएगा लगता है। तुम भगवान से मनाओ कि डिलिवरी ठीक-ठीक हो जाए।" यह भी पूछा कि मसूरी का मौसम कैसा है, पुराने दोस्त कौन-कौन हैं। शिकायत करने की तरह बोली, "ऐसे वक़्त में मसूरी न गए होते तो क्या नहीं चलता? मैं तो सोच रही हूँ तुम्हें वहाँ से सीधे बम्बई आना होगा, शुभ समाचार मिलते ही चले आना, देर मत लगाना। लो, रुनू से बात करो।" बेटी इधर-उधर की बातें कर रही है, पूछ रही है, "मसूरी में आपको बहुत नॉस्टाल्जिक लगता होगा, है न पापा? अब ट्रेनी घुड़सवारी करते हैं या नहीं?" कहकर रुनू खिलखिलाकर हँस रही है। अतनू के किसी दोस्त से उसने बचपन में सुना है कि उसके पापा घुड़सवारी करने से डरा करते थे।

अतनू ने सोचा, गनीमत है कि आजकल्लोला के साथ पुरानी बातों के दौरान घुड़सवारी की बात बिलकुल नहीं आई। सिर्फ़ डर कहना ग़लत होगा। अतनू के सबसे भयानक दुःस्वप्न में भी अक्सर घोड़े होते हैं, घोड़ों की टापें सुनाई देती हैं। आज भी।

मसूरी ट्रेनिंग के समय डांस जैसी और भी कई बातें थीं जो अतनू के वश से बाहर रहीं हमेशा से। उनमें से एक थी घुड़सवारी। बचपन से सिर्फ़ मन लगाकर पढ़ाई करना ही एकमात्र कर्तव्य है, यह उसे बताया गया था। खेल-कूद, पेड़ों पर

चढ़ना, तैरना ये सब शरारती बच्चों के काम हैं। ऐसे में कैसा घोड़ा, कैसी घुड़सवारी?

ट्रेनिंग के आख़िरी कुछ दिन। शायद अप्रैल का महीना होगा, कनकनाती ठंड पड़ रही थी, मौक़ा मिलते ही धूप की चुम्बक से खिंचे हुए कमरे से बाहर चले आते सभी। अब अपने-अपने घर लौटने और उससे कहीं अधिक नई पोस्टिंग पाने का नशा चढ़ने लगा था उन पर। साथ ही छात्र-जीवन के आख़िरी कुछ दिनों से किसी भी तरह थोड़ा और मौज़-मस्ती सोख लेने की इच्छा भी।

लड़के-लड़कियों ने मिलकर घोड़े पर सनसेट प्वाइंट जाने का प्रोग्राम बनाया। टूरिस्ट आकर्षण का केन्द्र है। ऊँचे पर्वत शिखर से सूर्यास्त दर्शन। राइडिंग ग्राउंड में तैयारी चलते समय कल्लोला ने आवाज़ दी, "अटानू, हमारा सेलिब्रेशन होगा वहाँ, याद है न?" दो दिनों से श्रेष्ठ ग्रुप प्रेजेंटेशन के लिए बहुत बधाई मिल रही थी, कल्लोला ग्रुप की एकमात्र लड़की होने की वजह से उसे मिल रही थी सबसे अधिक। उसने पहले से कहा था अतनू को, वहाँ के लिए नाश्ते का इन्तज़ाम तो हुआ ही है, चलो हम चॉकलेट का एक पैकेट ले चलें।" अतनू की सहमति का उसने इन्तज़ार नहीं किया था, अतनू भी उसे पीछे से बुलाकर मना नहीं कर सका। आठ-दस घुड़सवारों का झुंड राइडिंग ग्राउंड की ओर उतरते समय रास्ते में अतनू को देखकर रुक गई कल्लोला, आश्चर्य से पूछा, "चल नहीं रहे हमारे साथ?" उसकी झिझकती मुस्कान को देखते हुए कॉलेज के पुराने दोस्त दयानिधि ने उसकी पीठ पर दिलासा की थपकी देते हुए कहा, "चल न यार, ऐसा कुछ नहीं है। यहाँ ग्राउंड में घुड़सवारी करता है या नहीं? उसी तरह तो सवार होकर जाना है।" दयानिधि की बात और है, वह तो हमेशा से खेल-कूद में अव्वल रहा है। लेकिन अतनू हिम्मत नहीं जुटा पाया। बुदबुदाते हुए बोला, "नहीं भाई, खुला पहाड़ी रास्ता, बड़ा रिस्की है।" पर उसकी बात छुप नहीं पाई। "सुन रही हो कल्लोला, क्या कह रहा है तुम्हारा ग्रुप लीडर?" राजेश चड्ढा का ठहाका भरा पैना मज़ाक़ अभी तक उसके कानों में गूँज जाता है, "कल्लोला जैसी लड़की घोड़े पर सवार होकर पहाड़ चढ़ने जा रही है, साथ चलने को बुला रही है, और भावी भारत के प्रशासनिक अधिकारी को सिर्फ़ रिस्क दिखाई देता है।" सभी जानते हैं, घुड़सवारी में पारंगत नहीं कल्लोला, दुबली-पतली नाजुक-सी उस लड़की के लिए ख़ुद ट्रेनर एक सीधा-साधा घोड़ा चुन देता है हमेशा। आज वह घुड़सवारी वाली जोधपुरी पोशाक पहनकर निकली है बड़े उत्साह से। खिलखिलाकर हँसते हुए बोली, "मैं तो भई रिस्क लेने को तैयार

हूँ।" उसके आगे विलायती ऑपेरा स्टाइल में एक घुटने के बल बाँहें फैलाकर बैठ जाता है राजेश, सिर झुकाकर अपने सीने पर हथेली रखकर कहता है, "रिस्क शब्द हमारे लिए नहीं है कल्लोला। अगर रिस्क आ भी गया तो यह सेवक तुम्हें अपने घोड़े पर उठा लेगा, गोद में बिठाकर ले जाएगा आकाश मार्ग में।"

राजेश अकादमी का सबसे बेहतरीन घुड़सवार था। शोर-शराबे के बीच घोड़े पर सवार हो कल्लोला चल पड़ी थी। उसके बगल में घोड़े के टापों के साथ अपने गठीले शरीर को लचकाते हुए चल पड़ा राजेश चड्ढा। विदाई शुभकामना देनेवाले समूह में अतनू खड़ा था। आजकल्लोला ने हालाँकि मुड़कर देखा नहीं था।

आज भी जब कभी हार जाने का कोई क्षण आता है, उद्वेग अनिद्रा की रात में आधी नींद में अतनू वही एक सपना देखता है, उसे छोड़कर उसके सारे अपने लोग घोड़े पर सवार हो चले जा रहे हैं। वह अँधेरे में अकेला बैठा रो रहा है। नींद खुलने पर वह वाकई रो रहा होता है, तकिये पर सिर रखे सिसकियों से जर्जर।

उसके बाद दोनों का घनिष्ठ होना सबकी नज़रों में पड़ा था। कल्लोला का राजेश के कमरे में काफ़ी समय बिताने की अफ़वाह भी उड़ी थी। अकादमी के बाक़ी बचे कुछ दिन अतनू ने लाइब्रेरी के भीतर ही पढ़-लिखकर बिता दिए थे। एक साल बाद हालाँकि उसके कानों में पड़ा था कि कल्लोला की शादी हो चुकी है उसकी अपनी जाति-बिरादरी में। उससे पहले राजेश शादी करके पंजाब में कई फ़ैक्ट्रियों का मालिक बन गया था।

सुबह आँख खुलते ही एक पहचानी चिड़िया की आवाज़ से अतनू की नींद खुल गई। गेस्ट हाउस की खिड़की से दूर पर्वत शृंखलाएँ धुँधली-सी दिख रही हैं, वहीं कहीं से सुनाई दे रहा है वही स्वर, पी-पिइउ। बहुत पुराना जाना-पहचाना स्वर है यह, पपीहा। छाती के पँजरे को छू जाने-सा। पर आँखों की पकड़ में बिलकुल नहीं आता वह पक्षी। न जाने कितने युगों के बाद सुना है उसने।

वापसी का टिकट एक दिन आगे बढ़ाने का इन्तज़ाम हो गया, विनीता से बातचीत, बेटी की तबीयत की ख़बर भी। शाम को चार बजने से पहले ही बौद्ध मेडिटेशन सेंटर की तलाश में निकल पड़ा अतनू। टैक्सी लेकर पहाड़ी सड़कों के कई मोड़ और घुमाव से गुज़रने के बाद आख़िर उसे सही जगह मिल गई। ऊपर सड़क पर गाड़ी रुकवाकर पहाड़ की ढलान पर बनी सँकरी सड़क उतरते हुए नीचे जाने पर पेड़ों के झुंड से दिखाई दिया उसे एक मन्दिर। गहरी खाई

से घिरी थोड़ी-सी ज़मीन पर पंख पसारकर उड़ने को तैयार नक़्क़ाशीदार एक कॉटेज। पास पहुँचने पर स्पोर्ट्स जूते, ट्रैक सूट पहनकर बाहर निकल रही थी कोई। कल्लोला।

कल से अलग दिख रही थी, गोलमटोल, उम्र काफ़ी घट जाने-सी। अतनू को सामने देखकर कल्लोला का मुँह खुला रह गया। पूछा आश्चर्य से "तुम यहाँ?"

उसे सिर से पैर तक देखने के बाद अतनू ने कहा, "तुम संन्यासिन के वेश में कैसी लगती होगी देखने आया था। पर तुम तो किसी एडवेंचर में निकली हो जान पड़ता है। थोड़ी देर कर देता तो न मिल पाता।"

कल्लोला ने पॉकेट टटोलकर कमरे की चाबी है या नहीं देखने के बाद कहा, "सच-सच बताओ कहाँ आए थे। मेडिटेशन सेंटर तो कल सुबह खुलेगा। अगर मेरे पास आए हो तो चलो एक राउंड वाक् कर लेते हैं।"

अतनू ने सहज ही हामी भर दी, यह नहीं बताया कि कितना ढूँढ़ते-ढाँढ़ते वह यहाँ पहुँचा है। आशा की थी कि उसे देखकर कल्लोला ख़ुशी से फूली नहीं समाएगी। पास बिठाकर चाय-नाश्ता कराएगी। चलते-चलते पूछा, "इस चढ़ाईदार रास्ते पर चलने में तुम्हें कोई परेशानी नहीं होती?"

"अरे नहीं। सिर्फ़ हट्टे-कट्टे लोग ही एडवेंचर करते हैं यह तुमसे किसने कहा?"

क्षमा-याचना के स्वर में अतनू ने कहा, "कल तुम्हें चलने में थोड़ी दिक़्क़त हुई थी न, तभी सोचा।"

"इसीलिए तो वाक् कर रही हूँ। वरना बिस्तर जो पकड़ना पड़ जाएगा।"

अतनू फिर पूछ बैठा, "तो फिर अकेले आकर रह कैसे रही हो घर से इतनी दूर?"

थोड़ी देर कोई उत्तर नहीं दिया कल्लोला ने, उसके बाद बोली कुछ रुक-रुककर, "ओह! इतना कुछ बताने लगूँगी तो फिर मेरी साँसें कम पड़ जाएँगी।"

अतनू समझ गया, चलते-चलते बातें करने से कल्लोला को तकलीफ़ होती है। पक्की सड़क पर आने के बाद अब चढ़ाई नहीं थी। कल्लोला ने पूछा, "क्या वाकई सिर्फ़ मुझसे मिलने आए थे?"

अतनू उसकी ओर देखकर मुस्कराया, बोला, "सचमुच! क्या विश्वास नहीं हो रहा?"

कल्लोला ने भौंहें ऊपर की आश्चर्य से। बोली, "वाह। कबसे इतने बदल गए?"

इस इलाक़े में गाड़ी या भीड़ बिलकुल नहीं है। रास्ते के किनारे-किनारे पाइन वन। कल्लोला के बताए रास्ते पर धीमी क़दमों से चले जा रहे थे दोनों। अतनू सोच-समझकर बातें करता है। कल से मन में उमड़-घुमड़ रहे थे कुछ प्रश्न, कि घर से इतनी दूर हीरा-सम्राज्ञी का यह बनवास क्यों है? कैसी बीती है उसकी आज तक की ज़िन्दगी? पर अब लगता है...।

ख़ैर छोड़ो। कल्लोला ख़ुद ही जो कुछ कहती है, कहे। इतनी दूर से जैसी लग रही है, लगती रहे वैसी ही।

कल्लोला कह रही है, "पन्द्रह दिन हो चुके हैं मुझे आए। रोज़ाना वाक् करती हूँ। पर क्या जानते हो, यहाँ सूरज का उगना या डूबना देखना मुश्किल है।"

"क्यों?"

"सुबह देखने पर पासवाले पहाड़ के पिछवाड़े से सूरज उगकर चढ़ चुका होता है एक-चौथाई आकाश में। चलो चलते हैं, हो सकता है आज देख पाएँ।"

"क्या?"

"सूर्यास्त।"

पश्चिम आकाश की ओर देखकर अतनू ने पूछा, "कहाँ से दिखाई देगा? क्या इस पहाड़ के उस ओर जाना पड़ेगा?"

"नहीं मालूम। चलो इधर से चलकर देखते हैं।"

लेकिन पहाड़ के उस तरफ़ जाने में और भी कई पहाड़ आ जाएँगे सामने। आसपास परछाईं भी ढलने लगी है। कल्लोला ने घड़ी देखकर कहा, "लो, साढ़े छह तो बज गए। अब आज कहाँ दिखाई देगा?"

अतनू हँस पड़ा एकाएक। बोला, "जानती हो, मेरे पास इतना वक़्त कभी नहीं होता, ऐसे पागलपन के लिए।"

उसकी बात पर ध्यान न देकर कल्लोला ने कहा, "मुझे लगता है, सूरज डूबा नहीं है। उस फाटक से अन्दर जाने पर ज़रूर देख पाएँगे। शायद कोई ऑफ़िस है वह। चलो, गार्ड से बोलकर अन्दर चलते हैं।"

फाटक से अन्दर जाकर देखने पर और भी जंगल-पहाड़ वहाँ क्षितिज की ओर दीवार बने खड़े हैं। फिर भी कल्लोला का वहाँ से लौटने को मन नहीं है, भले ही

थकी-हारी धीरे-धीरे डग बढ़ा रही है। वहाँ से लौटकर और आधा घंटा चलने के बाद भी न तो साफ़ आकाश दिखा, न ही सूर्यास्त का ठिकाना था। कल्लोला कुछ हाँफने लगी है। अतनू डर गया। सड़क किनारे की आधी दीवार पर बैठकर थकान मिटाने के दौरान शाम के आकाश में रंग भर चुका था। अतनू ने इस बार ज़ोर देकर कहा, चलो अब लौटते हैं कल्लोला, सात बजने को हैं।"

वापसी रास्ते में चलते-चलते ऊपर की ओर अँगुली दिखाकर कल्लोला ने चिल्लाकर कहा, "देख रहे हो?"

पेड़ों की ऊँची चोटियों की ओर देखते हुए अतनू ने पूछा, "क्या?"

सबसे ऊपर की डालों पर पड़ी लाल धूप दिखाकर चिहुँकते हुए कल्लोला कह रही थी, "सूरज डूबा नहीं है। वह जो उधर बाईं ओर हम जिस पगडंडी को छोड़ आए हैं, उस ओर जाने से ज़रूर दिखाई देगा।"

अतनू ने कुछ असमंजस से कलाई घड़ी की ओर देखा। बोला, "ठीक है, चलो।"

"सोचती हूँ, मेरा कैलकुलेशन ग़लत हो गया। शुरू से ही उस ओर गए होते तो सूर्यास्त दिख गया होता।"

"चलो चलते हैं, शायद दिख ही जाए।"

कल्लोला सिर हिलाकर मना कर रही है हताशा से, "सवा सात जो बज गए हैं।"

"कोई बात नहीं। हो सकता है सूर्यदेव तुम्हारा इन्तज़ार कर रहे हों।"

"न दिखा तो न सही। सूर्यास्त के बाद का आसमान तो दिखेगा।"

कुछ दूर ढलान पर चलने के बाद सामने के पहाड़ दो हिस्सों में बँटकर सहसा दिख गया दिग्वलय। लाल से नीले के बीच जितने भी सम्भावित रंग हो सकते हैं सबका नमूना मौजूद हैं प्रतीची के माथे पर।

कल्लोला ने रुककर साँस ली कुछ देर, "सात पच्चीस! ओ हो, और पाँच मिनट पहले पहुँच गए होते तो सूर्यास्त दिख गया होता यहाँ से। ढलानवाली जगह जो है।"

कल्लोला को वहाँ खड़ी छोड़कर अतनू कुछ दूर चला गया जल्दी-जल्दी। साँय-साँय साँसें लेते हुए कोई बैठने की जगह ढूँढ़ते समय कल्लोला ने सुना, ऊँची आवाज़ में हाथ हिलाकर बुला रहा है उसे अतनू, "आओ कल्लोला, जल्दी-जल्दी डग बढ़ाओ। सोच भी नहीं पाओगी, क्या दिखाई दे रहा है।"

हाँफते-हाँफते ख़ुद को खींचती हुई और दस-बीस क़दम चलने के बाद कल्लोला को दिखा, दूर के दो पहाड़ों ने अलग होकर अपने बीच छोड़ी जगह की गहराई में टँगा था एक पके फल की तरह सुर्ख़ लाल सूर्य। रंग से पट गया है अस्ताचल।

आसमान की ओर देखते हुए कल्लोला खुले मुँह से किसी तरह अपनी चढ़ती साँसों को सँभालने की कोशिश कर रही है। अतनू उसके नज़दीक जाकर कहता है, "बस, चुपचाप देखो अब। टैक्सी बुला लाऊँगा। चिन्ता मत करो।"

बात करने की हालत में नहीं है कल्लोला। हाथ हिलाकर इशारे से अतनू को चुप रहने को कहती है।

पास पड़ी लकड़ी की एक बड़ी ठूँठ की ओर कल्लोला का हाथ पकड़कर ले जा रहा है अतनू। सूर्यास्त की ओर देखते हुए उससे सटकर बैठ जाती है कल्लोला। अतनू आसमान की ओर देखता है। चारों ओर देखता है। अचम्भित हो ख़ुद को भी।

सूरज का निचला हिस्सा धीरे-धीरे कटता जा रहा है क्षितिज की धार से। नीचे खिसकता जा रहा है और भी गहरा लाल होता गोला। लाल रंग आसपास हर तरफ़ पसर गया है।

आसपास के आसमान में तरह-तरह के रंग। कोई फीके से गाढ़ा हो रहा है। अभी दिख रहा कुछ रंग, कहीं खोता जा रहा है। सलेटी अँधेरा घिरता आ रहा है दूर किनारों से। कल्लोला चुपचाप देख रही है, आँखें आधी मुँदी हैं शायद। एक सुकून-सा छाने लगने पर अतनू ख़ुद को याद दिला रहा है, आजकल्लोला को उसके सेंटर तक पहुँचाने की ज़िम्मेदारी उसकी है अँधेरा होने से पहले। और फिर उस सोच को अपने दिमाग़ से निकालते हुए होंठ दबा लेता है।

बेहिसाब रंग। पिघले सोने का गोलार्द्ध क्षय होता जा रहा है। चारों ओर की चुप्पी के बीच से अतनू ख़ुद को सिर्फ़ गुज़ारते चला जा रहा है। अपने भीतर तक समाने दे रहा है सारे गड्डमड्ड रंगों को, सलेटी अँधेरे को, चहचहाहट को, हल्की-हल्की महक को। एक-एक मिनट, एक-एक सेकेंड।

कल्लोला की साँसें अब सामान्य हो चुकी हैं। शान्त भाव से कहती है, "शायद तुम विश्वास नहीं करोगे, यहीं मसूरी में एक बार मैं घोड़े पर सवार हो सूर्यास्त देखने गई थी।"

अतनू कुछ बोले बिना उसकी ओर देख रहा है, "सचमुच?" की मुद्रा में।

कल्लोला न जाने किस युग की बात याद करने-सी कह रही है, "बाप रे, उस सीधे पहाड़ की पतली कच्ची सड़क से कैसे ऊपर चली गई थी, आज सोचो तो विश्वास ही नहीं होता।"

"कितना ज़्यादा सुन्दर दिखा होगा सूर्यास्त वहाँ से, है न?" अतनू ने पूछा।

"बिलकुल नहीं। मतलब याद नहीं मुझे वाकई। उस उम्र में सूर्यास्त देखता ही कौन है? तब की मौज़-मस्ती कुछ और होती है।"

वहाँ से लौटने की बात मन में आने पर भी अतनू अपनी ज़ुबाँ पर नहीं ला पा रहा है। कल्लोला के बोलने का इन्तज़ार कर रहा है। उस निस्तब्धता में कुछ पत्ते गिर रहे हैं आसपास। सामने मिटती चली जा रही है नारंगी रंग की वह उज्ज्वल रेखा। आहिस्ता पत्ते गिरने जैसी आवाज़ में कल्लोला बोल रही है, "ऐसा सूर्यास्त कभी देखा हो मुझे याद नहीं आ रहा। तुम्हें?"

होंठ नहीं खोलता अतनू, अपनी आवाज़ से डर लगता है। हाथ में किसी नाजुक पतले काँच का फ़ानूस लिये खिंचे हुए तार पर चलने की तरह धीरे-धीरे बोल रहा है, "मैं? मैं शायद पहली बार देख रहा हूँ एक ऐसा आकाश।"

मनोकामना

भोर की ठंडी हवा के झोंके के साथ टेंट के पर्दे के पास से आवाज़ आई, "हरि ओम्। सा'ब चाय लीजिए!" मोटा पर्दा थोड़ा हटाकर एक चेहरा अन्दर झाँक रहा है, उसके साथ ही टेंट के भीतर घुस आई थी भाप उगलती एक बड़ी केतली। उस आवाज़ के जादू से चैतन्य हो गए सभी, पुरुष और नारी सबके कंठ से हरि ओम् के साथ मधुर दुआएँ आने लगीं—जीते रहो बेटा, अभी तुम्हीं को याद कर रहे थे, तुम्हारी ही राह देख रहे थे हम। नीचे एक क़तार में बिछे बिस्तरों के इस किनारेवाली रजाई के नीचे से नीलेश ने सिर और हाथ निकालकर आलस तोड़ा। उस किनारे पर कमर तक रजाई डाले मंकी कैप पहने गुनगुनाते हुए स्तोत्र पढ़नेवाले तन्मय ने एकाएक किताब औंधी रख दी, बीच के बिस्तर की उचकी हुई रजाई को झकझोरते हुए पुकारा, "सुरेश बाबू, उठिए चाय आ गई!" सूटकेस के ऊपर आईना रखकर बाल सँवार रही सीमा उठकर गई और गिलास में चाय भर रहे लड़के से चाय के गिलास लेकर एक-एक करके बढ़ाने लगी मुस्कराते कृतार्थ चेहरों की ओर। स्टील के गिलास की गरमाहट सँभालने के लिए हाथ की पहुँच में कपड़ा-तौलिया, जिसे जो मिला उठा लिया। टेंट की पिछली दीवार पर लकड़ी के पट्टों से बने नहान-घर की ओर देखकर इस बार सीमा ने कुछ ऊँची आवाज़ में पुकारा, "ताप्ती, जल्दी निकल, तेरी चाय ठंडी हो गई।"

कुम्भ मेला में तीसरी और आख़िरी रात बस बीतने को थी। टेंट के बाहर अहाते में जलती रोशनी अन्दर आ रही है अभी तक। राधेकृष्ण अखाड़े का अस्थायी आश्रम। दो एकड़ के अहाते में यात्रियों के ठहरने के लिए क़तार के क़तार टेंटों सहित रहने की सारी व्यवस्था, भोजनालय, प्रवचन हॉल, बजरी बिछे रास्तों के

दोनों ओर फूलों के गमले सजे थे। पूरे शहर में बने ऐसे छोटे-बड़े लगभग कई सौ अस्थायी गाँवों में से वह भी एक है। काफ़ी भाग-दौड़ के बाद यह मध्यम आकार का एक टेंट मिल गया है तीन परिवारवाले इस छोटे समूह को। कहा जाए तो ढाई परिवार, फ़ोटोग्राफ़र नीलेश की पत्नी नहीं आ सकी। मोटे कपड़े के टेंट की माटी-लिपी ज़मीन पर नई दरी बिछाकर नीचे तीन-तीन करके दो क़तारों में गद्दे, तकिया और रजाई। बाथरूम में पक्का पैख़ाना, फ़र्श और पानी का पाइप। आसपास के विशाल टेंटों में ठुँसे-ठुँसे रह रहे गाँव से आए यात्रियों को देखने से यह लगेगा कि इन छोटे-छोटे टेंटों में रहनेवाले ऐश में हैं।

साथ-साथ रहना, साथ उठना-बैठना। सूटकेस तकिया अग़ल-बग़ल में रखकर अपने-अपने लिए जगह बना ली गई है। ट्रेन के बर्थ की तरह ज़रूरत पड़ने पर परिवार की इकाई तोड़-मरोड़ दी जाती है। कैंप का जीवन। हर तबके के लोगों का तरह-तरह के बहानों के ज़रिये घर से बाहर जाकर रहना, वन-जंगल में पैदल ट्रेकिंग, ठंडी बर्फ़ पर पहाड़ चढ़ना और आदिम काल से तीर्थयात्रा तो है ही।

हालाँकि इनमें से उस तरह का कोई भी नहीं है। इधर-उधर से सुनकर किसी तरह एक प्लान बन गया। उज्जैन में अर्धकुम्भ है इस साल। महीने भर से ज़्यादा चलेगा मेला। पहले पन्द्रह दिन की भीड़ छँट चुकी है। फलाने जाकर लौट आए हैं, ढेमाके भी जाएँगे। चलो, हम भी घूम आएँ। दोनों दम्पती हाल ही में नौकरी से रिटायर हुए हैं, मन ने अभी तक स्वीकार नहीं किया है रिटायरमेंट के नीरस दिनों को। इधर हाथ में आए अनायास समय को ख़र्च करने का आकर्षण भी था। नीलेश एक बड़ी कम्पनी की नौकरी छोड़कर फ्रीलांस फ़ोटोग्राफ़ी कर रहा है काफ़ी दिनों से, उसकी पत्नी आर्ट कॉलेज में पढ़ाती है। यहाँ आने का आइडिया एक तरह से नीलेश का ही था। आश्रम में टेंट में रहने और उसके इन्तज़ाम करने का काम भी उसी का था।

आज आख़िरी दिन था। सुबह की चाय पीते-पीते तय किया गया, कैसे बिताया जाएगा आज का दिन—रात की ट्रेन पकड़ने तक। ताप्ती कुछ भारी-भरकम थी। नीचे उठना-बैठना उसके लिए आसान नहीं था। चायवाले चिंटू से मिली एक प्लास्टिक की कुर्सी पर हाथ में गिलास लेकर बैठी थी वह, चेहरा बता रहा था मानो इससे बढ़कर अधिक ऐशो-आराम और कोई नहीं। एक घूँट पीकर सबकी ओर देखते हुए बोली, "कितनी अच्छी तरह बीते दो दिन। वैसे काफ़ी भागम-भाग रही। चलो, आज का दिन साधु-सत्संग, भजन-कीर्तन में बिताते हैं।"

आख़िरी घूँट पीकर नीचे गिलास रख दिया नीलेश ने। जल्दी-जल्दी थैले से कपड़े निकालते हुए बोला, "आप पर सही सवार है कुम्भ मेले का नशा। कुछ दिन और रह गई यहाँ तो प्रवचन भी दे देगी, लगता है।" यह कहते हुए वह नहान-घर में घुस गया। पीछे से तन्मय चिल्लाया, "अरे, बताते तो जाइए आज का प्रोग्राम क्या है?" थोड़े-से खुले दरवाज़े के पीछे से घोषणा की नीलेश ने, "आज दिन भर मुझे बहुत काम है। मैं निकल जाऊँगा अपना बैक-पैक लेकर, सीधे स्टेशन में मिलेंगे रात को। अब टाइम ही कहाँ बचा?" दरवाज़ा बन्द होते ही एक-दूसरे की ओर देखकर मुस्कराने लगे सभी। ताप्ती अपने को रोक नहीं पाई, बोली, "उधर गोरी-परी इन्तज़ार जो कर रही होगी, टाइम कहाँ मिलेगा हमारे लिए?" तन्मय ने कहा, "किसी और को हो-न-हो, हमारे फ़ोटोग्राफ़र को तो साधुबाबा का आशीर्वाद फल गया समझो।"

मेले की वजह से इस समय उज्जयिनी साधुमय हो गई है। इस पुराने छोटे-से शहर की जनसंख्या से भी अधिक थी इस समय साधुओं की तादाद। तरह-तरह की वेशभूषा में साधु, सन्त, जटाजूटधारी संन्यासी। उनमें से कुछ जाने-माने, प्रख्यात, टीवी चैनलों में दिखनेवाले, देश-विदेश की सभाओं में प्रवचन करनेवाले गुरु, महात्मा हैं। बाक़ी उनके चेले, अनुगामी, कर्मचारीगण। अधिकतर अख्यात और अनाम। यहाँ तक कि अपना नाम-गोत्र, घर-बार, ठिकाना मिटा चुके लोग। पर यहाँ अभी किस साधुबाबा के आशीर्वाद की बात कही गई है, वह सभी जानते थे।

नीलेश-जैसे एडवेंचर्स व्यक्ति के सहारे पूरा सफ़र करना कहाँ तक ठीक रहेगा, इस बात पर दूसरे दोनों दम्पतियों ने कई बार विचार किया था। फिर सफ़र के दिन जब वे लोग स्टेशन पहुँचे, नीलेश वहाँ था ही नहीं। निकलें या सफ़र रद्द कर दें, वे लोग सोचने लगे। ट्रेन छूटने में पाँच मिनट बचे होंगे कि नीलेश हाँफता हुआ डिब्बे में घुसा अकेले। बताया कि उसकी पत्नी ने आने से इनकार कर दिया। अपना सूटकेस रखते हुए उसने जो कुछ आगे कहा, उसके जवाब में किसी ने कुछ नहीं कहा, सिर्फ़ एक-दूसरे का चेहरा देखते हुए अपना-अपना सामान सँभालने लगे। नीलेश की आर्टिस्ट पत्नी के साथ उसकी कभी नहीं पटी। दोनों को लेकर बीच-बीच में इधर-उधर की अफ़वाहें भी सुनाई देती हैं, यह बात उसके सभी दोस्त-रिश्तेदार जानते हैं।

ट्रेन शहर छोड़कर जब तेज़ी से दौड़ने लगी, तब सभी की नज़र पड़ी उस तरफ़ खिड़की के पास अकेली सीट पर बैठे एक व्यक्ति पर। न तो वह पूरा साधु लगता

था, न ही कोई गृहस्थ, परिधान दोनों के बीच का था। हल्का गेरुआ कुर्ता-पाजामा पहने हुए दाढ़ी-मूँछवाला चश्माधारी छरहरा-सा। नीलेश ने उससे पूछा, "यहाँ कैसे बैठ गए, रिजर्वेशन है?"

उसने सहजता से कहा, "नहीं, साहब। कुम्भ मेला जा रहा हूँ। टिकट लिया है, टीटी से कहूँगा...शायद मिल जाए। वरना नीचे सोकर चला जाऊँगा।" उस आदमी के कन्धे पर खादी का थैला था, हाथ में किताब, थैले में भी कुछ और किताबें होने जैसा दिख रहा था। सुरेश ने पूछा, "क्या आप कोई साधु-संन्यासी हैं?"

वह आदमी मुस्कराया। पलटकर पूछा, "आप लोग भी जा रहे हैं डुबकी लगाने?"

डुबकी लगाने का उद्देश्य उतना साफ़-साफ़ नहीं आया था उनमें से किसी के मन में। बाबाजी ने कहा, "जाइए-जाइए, शुभ-शुभ डुबकी लगाकर लौट आइए अच्छी तरह।"

नीलेश ने तपाक ने कहा, "यह कौन-सा कोई विशेष आशीर्वाद हुआ, बाबा? आप कहें तो आपको बर्थ दे देंगे हम, आराम से सोकर जाएँ। पर बदले में हमें क्या आशीर्वाद देंगे कहिए।"

बाबाजी ने कुछ शरारत के साथ मुस्कराते हुए कहा, "ज़रूर मिलेगा, ज़िन्दगीभर याद रखने-सा कुछ। पर आपके पास सीट है या मज़ाक़ कर रहे हैं?"

न जाने क्या सोचकर, पाँचों एक-दूसरे की ओर देखने लगे। लगभग एक साथ सुरेश और नीलेश बोल पड़े, "सीट है। पर आशीर्वाद क्या देंगे, बताइए तो बाबा!"

इतने में टिकट कलक्टर आ गया। नीलेश ने टिकट दिखाने के बाद कहा, "सर, मेरी पत्नी नहीं आ सकी। तबीयत ख़राब हो गई। उसकी सीट बाबाजी को दे दीजिए!"

ज़्यादा कुछ कोशिश नहीं करनी पड़ी। आजकल तरह-तरह के बाबाओं की आवाजाही चल रही है रोज़ाना हज़ारों में। इनके जैसे टिकट लेकर चुपचाप बैठकर, चश्मा पहने किताब पढ़नेवाले बाबा कहाँ दिखते हैं? भला टीटी साहब को क्यों आपत्ति होगी!

बाबा ने बेहिचक बर्थ लेते हुए भगवान को हाथ जोड़े। फिर टीटी के जाने के बाद रेलवे के बिस्तर के बदले अपना गेरुआ अँगोछा बिछाकर सोने की तैयारी

करने लगे। ताप्ती की धीमी आवाज़ सुनाई दी, "बाबा, क्या बिलकुल भूल गए हमें आशीर्वाद देने के बारे में?"

चेहरे पर से चादर हटाकर बिजली-सी मुस्कान के साथ बाबा ने कहा, "भूल कैसे जाऊँगा? तुम सबके माथे पर लिखा जो जा चुका है। डुबकी लगाने के बाद जो भी माँगोगे, मनोकामना पूरी होगी।"

तन्मय ने उठकर बैठते हुए कहा, "कोई भी मनोकामना? यह तो असम्भव है बाबा!"

नीलेश बोला, "तो फिर सम्भव होने जैसी ही माँगना, कोहिनूर हीरा तो नहीं माँगोगे न?"

दीवार की ओर मुँह फेरकर लेटते हुए बाबा ने कहा, "मन में जो सोचकर जा रहे हो वही कामना पूरी होगी। लौटते वक़्त याद करना, मेरा आशीर्वाद सच्चा था या झूठा।"

बाबाजी के खर्राटे सुनते ही नीलेश सीट पर उठकर बैठ गया और बोला, "ऐसे में तो सो पाना बड़ा मुश्किल है भाई! यह क़ीमत भी चुकानी पड़ेगी, किसे पता था?"

तन्मय भी उठकर बैठ गया। बोला, "ताश लाया हूँ। चलो, एकाध बाज़ी हो जाए!"

दरअसल, तीन दिनों के शिविर के दौरान एक ही कार्यक्रम था, शिप्रा नदी में डुबकी लगाना। बाक़ी का समय कैसे बीतेगा, किसी ने सोचा नहीं था उस बारे में। कुल मिलाकर एक लम्बी पिकनिक-जैसा होगा। कुम्भ मेले के बारे में जो कुछ सुनने, पढ़ने में आया है, वह सब देखेंगे। इसके अलावा घूमना-फिरना, खाना-पीना। कुछ नहीं तो साथ बैठकर ताश खेलना, गपशप करना। यहाँ तक कि एक दिन ताप्ती ने लूडो और गोटियों का सेट दिखाकर सबको हैरत में डाल दिया था। पर समय ऐसे बीत गया कि पता तक नहीं चला।

पहले दिन टैक्सी से आश्रम के फाटक के अन्दर जहाँ वे उतरे, वहाँ रथ की तरह सजे एक अस्थायी मन्दिर के पास पूजा-आरती चल रही थी। माइक की आवाज़ से गूँज रही थीं दसों दिशाएँ। इस मठ में नीलेश के परिचित कुछ लोग थे। वह अक्सर फ़ोटोग्राफ़ी करने जाता है हिमालय की ओर, मठ-मन्दिर से लेकर वन्य जीवन और प्राकृतिक स्थानों की तसवीरें खींचकर देश-विदेश की पत्रिकाओं में भी भेजता है। नीलेश के परिचय कराने के बाद सबने महंत बाबा के पैर छूकर प्रणाम

किया। महंत जी ने हँस-हँसकर किसी का सिर सहला दिया, तो किसी को बाँहों में भर लिया। चलो, अब ठहरने की चिन्ता मिटी।

नीलेश बैग से कैमरा निकाल रहा था कि बाबा ने हाथ दिखाते हुए कहा, "अभी नहीं बेटे, फ़ोटो बाद में खींचना। जाकर डुबकी लगा आओ, शुभ काम जो है।"

नीलेश ने आँख के आगे कैमरा रखते हुए कहा, "मेरे लिए तो यही है सबसे शुभ कार्य बाबा, ज़रा शुरुआत तो कर दूँ! इस बार मठ पर एक स्पेशल स्टोरी बनानी है, अगर कहें तो।"

सिर के साथ उनके सिर से दुगने बड़े जटाजूट को हिलाकर महंत ने कहा, "आजकल कैमरा हर जगह मना है, जानता है न? पर तू है हमारे घर का बच्चा। तेरे लिए कैसी अनुमति रे? अब जाओ, स्नानादि करके खा-पी लो सभी।" मठ का एक कर्मचारी रामजी लिवा गया सभी को स्पेशल टेंट में। नई चादर, बाल्टी, मग के साथ ताला-चाबी भी दिया कपड़े के किवाड़ों के लिए। बोला, "साहब जी, आज का दिन शुभ है। जल्दी से जाकर एक-एक डुबकी लगा लो! आप लोगों के साथ हमारा आदमी जाएगा, आप लोग जितनी देर चाहेंगे पानी में रह सकते हैं। पुलिसवाला आधे मिनट में बाहर नहीं निकाल सकता।"

नीलेश से बख़्शीश लेकर जेब में रखते हुए दाँत निपोरकर रामजी ने अगला कार्यक्रम बताया, "आज गरम पूड़ी, आलूदम और जलेबी है नाश्ते में। आप लोगों को अलग पाँत में बिठा दूँगा मैं, देशी घी वाली पाँत में। नाश्ते के बाद मैं ख़ुद चलूँगा आप लोगों को लेकर नदी के उस पार बड़े घाट पर, पुल के ऊपर से देखिएगा अखाड़ों का जुलूस। ऐसा जुलूस, गाड़ी-घोड़ा, शानो-शौकत आपने ज़िन्दगी में कभी नहीं देखा होगा। शाम को चले जाइएगा उस पार घाट पर। दोपहर के खाने के बाद। आज के खाने का मेनू है...।"

सुरेश ने बीच ही में टोकते हुए कहा, "अभी के लिए तो इतना ही प्रोग्राम काफ़ी है। बड़ी थकान लग रही है। थोड़ी गर्म-गर्म चाय अगर...।"

सिर पर सलाम ठोंकते हुए उसने कहा, "आप जब भी कहेंगे चाय मिलेगी, चिंटू को भेज रहा हूँ। आप लोगों की सेवा में रहेगा वह।"

रात के खाने के बाद शहर की सैर का प्रोग्राम रखा था रामजी ने। उसे कल के लिए टालते हुए टेंट में लौट गए सभी। लाइट बुझाकर बिस्तर में लेटने के बाद सुरेश ने धीरे-से कहा, "नीलेश, बोतल थी न तुम्हारे पास? दो-दो घूँट..."

ताप्ती झट उठकर बैठ गई, कड़क आवाज़ में अँधेरे को चीरते हुए बोली, "नहीं, यह सब नहीं चलेगा यहाँ, कहे देती हूँ।" सीमा ने भी अपनी आवाज़ मिला दी, "कैसी बातें कर रहे हैं आप लोग। जगह का कुछ भी ख़याल नहीं, छी-छी।"

एक साथ तीनों पुरुषों की सकपकाई आवाज़ सुनाई दी, "नहीं, बिलकुल नहीं। ऐसा सोचना भी ग़लत है। सॉरी सॉरी।"

इस ओर की क़तार में तीन पुरुष। उस ओर दीवार के पास सीमा और ताप्ती। ख़ाली गद्दों पर बक्से, सूटकेस, तौलिया, पानी की बोतलें। बाहर कुछ दूरी से माइक के पूरे वॉल्यूम में रामायण का पाठ सुनाई दे रहा है। बिन ताल सुर के। पीली लाइटें इतनी हैं कि टेंट की दीवारें उन्हें रोक नहीं पा रही हैं। सुरेश ने कहा, "इस शोरगुल में इनसान सोएगा कैसे! इसीलिए कह रहा था। अच्छा-अच्छा फिर से सॉरी!"

नीलेश उठ बैठा इस बार। बोला, "सोच रहा हूँ, एक चक्कर लगा आता हूँ बाहर का। कुछ फ़ोटो खींच लाऊँगा।" दूसरों की आवाज़ सुनाई दी, "अरे नहीं, अभी तो दो दिन और पड़े हैं। आराम कर लो, इतना कष्ट मत दो शरीर को।" कुछ देर तक चुपचाप पड़े रहे सभी। बाहर बेसुरी रामायण जारी थी। तन्मय ने पूछा, "ट्रेन के उस साधुबाबा की बातें किसी को याद हैं? मुझे लगता है उसकी बातों में कुछ तो सच्चाई थी।"

एक मिनट की चुप्पी के बाद नीलेश की आवाज़ सुनाई दी, "हाँ, कुछ सच्चाई थी। क्या आपको कुछ मिला डुबकी लगाने के बाद? मतलब आज दिनभर में?"

तन्मय ने कहा, "पहले तुम बताओ। उसके बाद मैं बताऊँगा।"

नीलेश ने कहा, "चलो छोड़ो! वापस लौटकर इस बारे में बात करेंगे, यही तो उसने भी कहा था न। लौटते समय रास्ते में याद करेंगे कहकर?"

सुरेश बोला, "उतरते समय उसने और भी कुछ कहा था, याद है न?"

कई तरह के जवाब आए—अरे, उस समय उसका मूड ख़राब था। सिरफिरा आदमी था यार। उसकी बात छोड़ो! फिर भी बाबाओं की बातें सच हो जाती हैं कभी-कभी। चलो ठीक है, बताओ अपनी-अपनी बात।

इस बार ताप्ती का स्वर सुनाई दिया, "चलो नीलेश, पहले तुम बताओ। उसके बाद आज हम दोनों का अनुभव जो रहा, वह मैं बताऊँगी।"

एक मिनट चुप रहने के बाद नीलेश कहने लगा, एक़दम आहिस्ता, "आज डुबकी लगाकर लौटते समय सोफ़ी को देखा। पहले दूर से देखकर सोचा, मेरी

आँखों का वहम है। आप लोगों को आगे बढ़ने को कहकर मैं उसकी ओर गया। सोफ़ी ही थी।"

कुछ देर हिम्मत जुटाने के बाद ताप्ती ने पूछा, "सोफ़ी कौन है? क्या तुम्हारी कोई पुरानी दोस्त?"

"हाँ, ऑस्ट्रेलियन लड़की। बहुत क़रीबी दोस्त। साथ-साथ हिमालय में घूमकर फ़ोटो खींचे थे हमने एक महीने तक। उसके बाद फिर सम्पर्क नहीं रहा। वह लौट गई थी अपने देश। मेरी चिट्ठी का जवाब नहीं दिया था।"

इस बार सुरेश ने पूछा, "क्या सिर्फ़ मिलकर लौट आए आज?"

नीलेश ने कहा, "उस वक़्त उसके साथ और भी दो लोग थे। मोबाइल नम्बर ले लिया। फिर मुलाक़ात हुई शाम को उस पार के घाट में। वह मेरा इन्तज़ार कर रही थी। पहले से ज़्यादा सुन्दर दिखने लगी है। और भी दुबली, हिरणी-सी नीली निगाहें। बाल बढ़ाकर लम्बे किए थे, बहुत जँच रही थी...।"

तन्मय बोला, "अच्छा, इसीलिए पूरी शाम हमसे अलग घूमते रहे तुम?"

नीलेश ने जवाब दिया, "हाँ।"

सुरेश ने पूछा, "फिर यहाँ क्यों लौट आए?"

नारी कंठ से किसी के खी...खी करके हँसने की आवाज़ आई। नीलेश ने उस हँसी का जवाब दिया कुछ उदास नाटकीय मुस्कान से। बोला, "उसके साथ रुक सकता तो क्या रुका नहीं होता। पर वह भी किसी और अखाड़े के टेंट में रह रही है। पता दिया है उसने। सोचता हूँ, एक चक्कर लगा आऊँ। उसका मोबाइल नम्बर तो है ही।"

तन्मय बोला, "बाबू नीलेश, इस उम्र में तुम ऐसा अहसास कर पा रहे हो, तभी तो आर्टिस्ट हो। हम जैसे निपट गृहस्थ नहीं। इसका मतलब यह तो नहीं कि सारी रात जागते फिरोगे? क्या कल गए तो नहीं चलेगा?"

ताप्ती ने कहा, "यह तो निश्चित ही उस बाबा का चमत्कार है। अगर जाना ही है तो हमारी बात सुनते जाओ!"

मिली-जुली आवाज़ सुनाई दी, "हाँ, हाँ कहिए!"

नीलेश फिर से बैठ गया बिस्तर पर।

ताप्ती ने कहा, "आज हम लोग सन्त कृपानन्द के प्रवचन में गए थे। सुबह डुबकी लगाकर सड़क पर आई ही थी कि देखा बाबा की एक बड़ी होर्डिंग। इनको

भी दिखाई। एक ही बार उनका प्रवचन सुना था। मन-ही-मन सोचा था कि किसी भी तरह और एक बार उनके दर्शन करूँगी। इन्हें गुरु दर्शन हो जाएँगे। हालाँकि इनका तो वैसी बातों पर कभी विश्वास ही नहीं रहा।"

सुरेश ने पूछा, "तो फिर? प्रवचन सुना दोनों ने? उसके बाद तन्मय तुममें भी विश्वास आ गया?"

तन्मय ने गहरी साँस छोड़ते हुए कहा, "सही-सही कह नहीं पा रहा हूँ पूरा विश्वास हो पाया या नहीं। पर धर्म और कर्म की जैसी व्याख्या उन्होंने की, मैंने पहले कभी नहीं सुनी थी।"

ताप्ती ने कहा, "इनमें विश्वास आए या न आए, मेरे कहते ही जिस तरह ये राजी हो गए और फिर पूरी शाम रास्ता पूछते-पूछते हम बाबा के प्रवचन में पहुँचे, मेरे लिए इतना ही चमत्कार से कम नहीं।"

तन्मय ने कहा, "अच्छा सुरेश, तुम भी तो कुछ बताओ! मुझे लगता है, तुम्हारे साथ भी कुछ चमत्कार हुआ है।"

ताप्ती ने कहा, "मुझे भी ऐसा लगता है। सीमा भी कुछ खोई-खोई-सी नहीं लग रही है?"

सीमा और सुरेश चुप रहे। उन पर दबाव डालने की हिम्मत किसी में नहीं थी, क्योंकि सभी को मालूम था उनकी सबसे बड़ी मनोकामना क्या हो सकती है। खोए हुए बेटे से बड़ी और कौन-सी बड़ी कामना हो सकती है माँ-बाप के लिए? उनके बेटे को खोए एक ज़माना बीत गया। कॉलेज में पढ़ता था बेटा। किस वजह से चला गया घर से निकलकर, यह बात किसी को नहीं पता। उस बारे में कोई सवाल भी नहीं करता था उनसे। शायद वे लोग ख़ुद ही यह बात नहीं छेड़ते हैं अब। उम्मीद छोड़ चुके होंगे।

सीमा ने ख़ुद ही शुरू की, "आज डुबकी लगाकर निकलते समय देखा होगा, घाट पर कुछ लोग एक बाबाजी को घेरे हुए थे। शाम को इसी आश्रम के बरामदे में उन्हीं को मैंने देखा था। चारों ओर से कुछ लोगों ने घेर रखा था, पर बाबा कुछ बोल नहीं रहे थे। लोग हाथ जोड़े मन्दिर के बाबा के पाँव पड़ते हुए कुछ-कुछ पूछ रहे थे। हम दोनों जब उधर से होते हुए जा रहे थे, बाबा ने सीधे हमारी ओर देखा और इशारे से बुलाया। उनके पास पहुँचने पर कहा, "जिसके लिए इतने दिनों से इन्तज़ार कर रहे हो, उसे पाने का समय आ गया।"

चुप्पी छाई हुई थी सभी ओर। शायद बिजली चली गई थी, बाहर माइक बन्द था, लाइट भी नहीं थी। नीलेश ने एकाएक कहा, "इस अँधेरे में अब कहाँ जाएँगे। छोड़ो!"

ताप्ती ने धीमी आवाज़ में कहा, "सो जाओ सीमा! भगवान चाहे तो सचमुच के चमत्कार हो जाते हैं। हम तो बस उसको पुकार ही सकते हैं।"

अगले दिन चिंटू की 'हरिओम-चाय' की आवाज़ से सबकी नींद खुल गई। पर नीलेश का बिस्तर ख़ाली था। न जाने वह कब उठकर चला गया था। अब कोई भी बातचीत या आज के प्रोग्राम के बारे में चर्चा करने के मूड में नहीं था। अपने अन्दर मगन थे सभी। नाश्ते के बाद ताप्ती ने कहा, "हम दोनों आज का पूरा दिन सन्त कृपानन्द के आश्रम में बिताएँगे। बाबा चाहेंगे तो शायद हमारे जीवन की गति बदल जाएगी। भाग्य में हुआ तो दीक्षा भी मिल जाएगी। कुछ नहीं तो उनके दर्शन ही हो जाएँगे, वचनामृत सुनेंगे। यहाँ आना सार्थक हो जाएगा।"

सीमा और सुरेश का कोई तय कार्यक्रम न होने पर भी मालूम था कि दोनों आज का दिन प्रतीक्षा में ही बिताएँगे। कल रात मन्दिर के बरामदे में उनसे कहा गया था कि भविष्यवाणी सच होते देखने के लिए उन्हें दिन भर इन्तज़ार करना होगा। शायद वे घूमेंगे शहर के सारे मन्दिरों, आश्रमों, मठों और घाटों में, कुछ संकेत पाने के लिए। ग़ौर से देखेंगे हर जगह असंख्य चेहरों को। शायद कहीं दिख जाए जान से प्यारा उस अपने का चेहरा, वह खोया हुआ अनमोल ख़ज़ाना। भले ही वह न दिखे, शायद मिल जाए उसका पता। शायद मिल जाएँ वे कलवाले बाबाजी, कुछ और मार्गदर्शन दें, पता बता दें भविष्य का।

रात को अखाड़े के लंगर में प्रसाद लेने के बाद वे लोग लौट गए ख़ाली तम्बू में। साथियों को फ़ोन करना ठीक होगा या नहीं, सोच ही रहे थे कि ताप्ती और तन्मय आ पहुँचे। दोनों के चेहरों पर चमक और मुस्कान थी। देखते ही सीमा को बाँहों में भर लिया ताप्ती ने और कहा, "विश्वास करोगी मेरी बात का? बाबा राजी हो गए हैं हमें दर्शन देने को। हमारा जीवन बदल जाएगा यहाँ से लौटने के बाद।" बिस्तर लगाकर सोने जाने से पहले सीमा ने पूछा, "आज ही दीक्षा क्यों नहीं ले ली? क्या कल का दिन ज़्यादा शुभ है?"

ताप्ती ने कहा, "हाँ, कल पूर्णिमा जो है। डुबकी लगाकर दीक्षा लेंगे। पर हाँ, एक बात और भी है। अभी नहीं बताई जा सकती, बाद में बताऊँगी। लौटते समय रास्ते में।"

दोनों पुरुषों में कोई ख़ास बात नहीं हुई। सुरेश ने बताया आज कहाँ-कहाँ घूमा। कुल मिलाकर अच्छा ही बीता आज का दिन। एक नई उम्मीद जग चुकी थी मन में। उसके प्रकाश में चारों ओर सारी चीज़ें अलग-अलग-सी दिख रही थीं। नीलेश आधी रात तक नहीं लौटा था। उसी के बहाने कुछ हँसी-मज़ाक़ सूझ गया सबको, कुछ कहानियाँ भी गढ़ ली गईं। एक-दूसरे से पूछने भी लगे, कल तक अगर नीलेश न लौटा? अगर उसकी बीवी आई होती तो क्या हुआ होता? वह आई होती तो बाबाजी को सीट न दी गई होती, डुबकी का चमत्कार कैसे हो पाता? अगर वह सोफ़ी के साथ चला जाए एक अनजान भविष्य की ओर, लौटकर क्या कहेंगे हम उसकी बीवी को? अरे, बीवी से मोबाइल में वह ख़ुद ही बात कर लेगा, हम उस बारे में क्यों सोचने लगे? फिर भी उससे पूछना तो होगा ही।

पर आधी रात बीतने के बाद, तक़रीबन तीन बजे होंगे, नीलेश लौटा। पर्दे के बाहर से धीरे-से बुलाया, "सुरेश जी, तन्मय जी, सो गए क्या?"

अन्दर आते ही बोलता चला गया वह, कहाँ-कहाँ कौन-कौन-सी दिक़्क़तें आईं, क्यों जल्दी नहीं लौट पाया। तन्मय ने कहा, "चलो, तुम सो जाओ नीलेश! कल सुबह ये बातें बताओगे तो भी चलेगा। तुम्हारी बीवी तो है नहीं यहाँ, क्यों परेशान हो रहे हो?" सोने से पहले नीलेश ने पूछा, "क्या तुम लोगों के साथ चमत्कार को लेकर कुछ प्रोग्रेस हुआ?"

तन्मय ने पूछा, "तुम्हारा अपना क्या प्रोग्रेस हुआ, बताओ?"

लम्बी साँस के बीच से नीलेश ने कहा, "हुआ है शायद प्रोग्रेस। बदल चुकी है शायद ज़िन्दगी। देखा जाए, कल क्या होता है।"

तन्मय ने पूछा, "पर कल तुम हमारे साथ वापस लौट तो रहे हो न?"

उसी तरह चित लेटकर छत की ओर देखते हुए नीलेश ने जवाब दिया, "देखा जाए, कल क्या होता है।"

तन्मय ने हैरानी जताई, "हे भगवान! हमें बचा लो।"

बाक़ी सारे लोग चुपचाप लेटे रहे, जबकि नींद खुल चुकी थी सबकी।

रात बीतने को थी, कुम्भ मेले में यह उनका तीसरा दिन था और आख़िरी रात। सभी चाय सुड़क रहे थे स्टील के गिलास से। तम्बू की एकमात्र प्लास्टिक कुर्सी पर बैठी ताप्ती कह रही थी, "आज आख़िरी दिन है, चलो साधु-सन्तों के दर्शन में, भजन-कीर्तन में बिता दें।"

बाथरूम से नीलेश ने घोषणा की थी कि वह अपना पैक बैग लेकर निकल जाएगा और सीधे स्टेशन पहुँचेगा रात को ट्रेन पकड़ने।

तैयार होकर निकलते समय नीलेश ऐसी ख़ुशमिज़ाजी से गुनगुना रहा था कि ताप्ती से रहा नहीं गया, पूछ बैठी, "रात को स्टेशन पहुँच तो रहे हो न नीलेश? हम लोग तुम्हारा इन्तज़ार करें या नहीं?"

चलते-चलते उसका जवाब आया, "देखा जाए, आज क्या होता है!"

कुछ देर बाद दोनों जोड़ियाँ अपने-अपने रास्ते निकलते समय भी लगभग उसी तरह का कुछ बोल पड़ीं। तन्मय से कहा, "हम सब बीच में वक़्त निकालकर अपना-अपना सूटकेस ले जाएँगे, सीधे स्टेशन में मिलेंगे। देखा जाए, किसके साथ क्या होता है आज...।"

पर उस दिन रात को सभी सही समय पर स्टेशन पहुँच गए थे। अपना-अपना सामान लेकर डिब्बे में चढ़ गए। बर्थ खोलकर बिस्तर लगा लिया। मानो कोई निहायत सामान्य-सा सफ़र कर रहे हों! ट्रेन समय पर चल पड़ी। शहर पीछे छोड़कर गाड़ी जब दौड़ पड़ी, खिड़की से बाहर की तरफ़ चुपचाप देखते हुए नीलेश से पूछा तन्मय ने, "क्या बात है बाबू नीलेश?" उसके बाद पुरानी फ़िल्म का एक गीत गाया जिसका मर्म था, आज क्यों प्रिय बदल गए से लग रहे हैं। 'बदले-बदले मेरे सरकार नज़र आते हैं।'

नज़र घुमाकर नीलेश ने जवाब दिया, "मैंने लौटकर ट्रेन पकड़ ली, यही क्या कम है? और क्या जानना चाहते हो?"

तन्मय ने पूछा, "जानना यह चाहता हूँ कि तुमने ख़ुद ही फ़ैसला बदल लिया या दूसरी ओर से था?"

आँखें मूँदकर सिर पीछे टिकाकर थकी हुई-सी आवाज़ में नीलेश बोला, "क्या फ़र्क़ पड़ता है इससे?"

दूसरे लोग समझ गए कि अब अधिक कुरेदना ठीक नहीं है। पर नीलेश का मन छटपटा रहा था कह डालने के लिए। शायद थोड़ा और ज़ोर डालने से बता ही दिया होता कि वह कैसे जा सकता था सोफ़ी के साथ। सोफ़ी तो अब पहले जैसी नहीं रही। बदल गई है। एक अलग इनसान बन चुकी है वह।

मानो फिर ख़ुद को समझाते हुए-सा कहा उसने मन-ही-मन—कल तय हुआ था कि दोनों फिर हिमालय जाएँगे, फ़ोटोग्राफ़ी करेंगे जंगल-कंदराओं में घूम-घूमकर। नदी

किनारे-किनारे, पुराने मठ-मन्दिरों में घूमते समय ढेरों बातें हुईं, फ़ोटो खींचे, अपनी-अपनी बातें बखानी। आज वह कह रही है कि पिछले तीन सालों में वह दो बार भारत आ चुकी है। हिमालय में घूम-घूमकर फ़ोटो खींचे हैं, किसी दूसरे दोस्त के साथ। अब वह उन सब बातों को याद नहीं करना चाहती। आज वह दोबारा चाहती है मेरे साथ जाना। मैं जिसे जानता था या मानता था कि मैं जानता हूँ, क्या यह वही सोफ़ी है।

सभी अपनी-अपनी बर्थ पर लेट चुके थे, लाइट बुझ चुकी थी। ख़ामोशी थी ट्रेन के भीतर, पिछली बार की तरह भजन-कीर्तन या शोर-शराबा नहीं था। अचानक तन्मय ने पूछा, "बाबाजी, कहीं हमसे नाराज़ तो नहीं हो गए थे?"

नीलेश बोला, "फ़िज़ूल की बात है।"

सबको याद था। किसी को कुछ बताने की ज़रूरत नहीं थी। जाते समय उन लोगों ने ताश खेला था देर रात तक।

उनके हँसी-मज़ाक़ में बाबाजी के खर्राटे रुक गए थे कई बार, चादर के भीतर से कहा भी था उन्होंने, "तीरथ में जाते वक़्त मन-ध्यान भी वहीं लगाना चाहिए।" उनकी बातें अनसुनी कर दी थी उन लोगों ने। सिर्फ़ उतना ही नहीं, रात गहराने के बाद नीलेश ने छोटी बोतल निकाली थी जेब से, एक-दूसरे के हाथ में पकड़ाते हुए दो-दो घूँट पी भी थी सभी ने। बाबाजी करवटें बदल रहे थे, मन-ही-मन बड़बड़ाते जा रहे थे।

ट्रेन उज्जैन पहुँचने पर जब वे लोग अपना सामान उतारने के लिए इकट्ठा कर रहे थे, तब तक बाबाजी अपना झोला लटकाए डिब्बे के गेट पर पहुँच चुके थे।

नीलेश ने कहा, "अरे वाह! काम निकाल लेने के बाद एक बार मुड़कर देख तक नहीं रहा।"

तन्मय बोला, "बाबा नाराज़ हो गए हैं।"

उतरते समय सुरेश ने पीछे से आवाज़ दी, "जा रहे हैं बाबा। मुलाक़ात होगी कुम्भ के मेले में।"

बाबा ने कोई उत्तर नहीं दिया।

इस बार नीलेश ने पूछा, "हमारी मनोकामना वाली बात याद है न बाबा? या वह भी कैंसल?"

प्लेटफ़ॉर्म पर उतरते हुए बाबाजी ने कहा, "मनोकामना पूरी होने से भला क्या हो जाएगा? तुम ख़ुद ही उसे कैंसल नहीं कर दोगे, कौन कह सकता है।"

बात को आगे बढ़ाने के लिए सबके मन में एकाध बात खदबदा रही थी, पर भीड़ में सामान उतारकर कुली के सिर पर चढ़ाने तक बाबाजी वहाँ से जा चुके थे।

आज वापस घर लौटते समय उन सबको याद थी वह बात। पर किसी ने वह बात छेड़ी नहीं। अपनी ऊपरवाली सीट से सुरेश ने पूछा, "क्यों तन्मय, क्या तुम दोनों के स्पेशल दर्शन हुए कृपानन्द जी के?"

ताप्ती का चेहरा शाम से उदास लग रहा था। कल की ख़ुशी, उत्साह का तिलभर भी नाम नहीं था। एक शब्द तक नहीं कहा था उसने किसी से।

तन्मय ने कहा, "मेरा इन चीज़ों में विश्वास नहीं है। ताप्ती ने भी अकेले दर्शन करना नहीं चाहा।"

और कुछ नहीं पूछा गया उनसे। पर अँधेरे में ख़ूब धीमी आवाज़ में ऊपरी सीट से तन्मय ने पूछा पत्नी से, "वह पेड़ा रखा है या खा लिया?"

ताप्ती ने पूछा, "क्यों?" तन्मय ने फुसफुसाकर कहा, "सोच रहा था भला उसमें है क्या? फेंक देना!"

निचली सीट से सिसकियों-सा कुछ सुनाई पड़ा। मंत्र नहीं तो कम-से-कम विशेष आशीर्वाद तो मिलना था आज कृपानन्द बाबा से। देने में उन्होंने भी कंजूसी नहीं की थी। भक्तों के बीच चमत्कार दिखाया था, शून्य से पेड़ा निकालकर बाँट दिया था भक्तों में। जय-जयकार से हवा गूँज उठी थी। ताप्ती के हाथ में आया था एक पेड़ा। पति के साथ बाँटकर खाएँगी वह यह दिव्य प्रसाद, यह सोचकर बाहर रोशनी में जाते ही एक अजीब-सी चीख़ निकल गई ताप्ती के गले से। पेड़े में चिपकी थी एक मरी हुई चींटी।

सुरेश और सीमा के लिए तो वैसे भी किसी का कोई सवाल नहीं था। सभी जब सो गए जैसा लगने लगा था, एकाएक सीमा ने पूछा, "अच्छा नीलेश, तुम्हारे कैमरे में उस बाबा का फ़ोटो तो होगा न? वही, बरगद के नीचे बैठे बाबा का? हमारे लौटते समय रास्ते में चबूतरे पर बैठे थे, उनके साथ और भी कई बाबा थे, भीड़ से घिरे हुए...।"

सुरेश ने जवाब दिया, "क्यों खींचेगा वह फ़ोटो? जिधर देखो, वहाँ बाबा-ही-बाबा भरे थे। किसकी बात कर रही हो तुम सीमा? सो जाओ।"

रात आधी से ज़्यादा बीत चुकी थी। आरएसी वाली किनारे की सीट में पर्दा खींचकर तम्बू घिरे बिस्तर पर अकेली बैठी कुछ दिखाई न देते बाहर की ओर

ताक़ रही थी सीमा। ऊपर से उतरकर सीमा के पास आकर बैठ गए सुरेश। कहा, "किस सोच में पड़ी हो तुम? बाबा ने कहा नहीं, कि जो कुछ हो गया उसे ईश्वर की इच्छा समझ लो!"

उसकी ओर देखा सीमा ने, रुँधे गले से कहा, "वह बापी था। हमारा बापी। तुम पहचान नहीं सके?"

आश्रम से निकलकर रास्ते पर चलते समय पूर्णिमा का चाँद धीरे-धीरे चढ़ रहा था। ठंडी सरसराती हवा बह रही थी, नदी किनारे के घाट, इस पार उस पार जहाँ तक नज़र पहुँचती घाटों में लोगों की भीड़-ही-भीड़ थी। शहर पीछे छोड़कर निकलते हुए दिखा एक बरगद के नीचे चबूतरे पर बैठे थे एक साधु बाबा। सीमा बोली, "गाड़ी रोको, थोड़ा मिल लेते हैं।"

सुरेश कुछ खीजते हुए बोले, "और कितने साधु-बाबाओं को देखोगी? यहाँ आम लोगों से अधिक बाबाओं को देख तो चुकी हो।"

एक समय था जब कोई भी साधु-बाबा जैसा दिखता तो दोनों उसकी ओर दौड़ पड़ते, पूछते, हमारा बापी लौटेगा? किस गुनाह के चलते हमारा बेटा चला गया घर छोड़कर, क्या पाप किया था हमने? प्रायश्चित्त का उपाय बता दीजिए। लौटा लाइए उसे। तमाम पूजा, होम, व्रत, उपवास। हर शनिवार काले कुत्ते को रोटी खिलाओ, अन्धे भिखारी को कम्बल दान करो। सारे बाबाओं और ज्योतिषियों ने आश्वासन दिया था, आपका बेटा लौट आएगा। चिन्ता मत कीजिए, आराम से है वह। लौटेगा। बुरा योग पड़ा है। ग्रह शान्ति करनी होगी।

लेकिन आज शाम को सुरेश ने ख़ुद ही गाड़ी रुकवा दी उस बरगद के पास। बीच में बैठे साधु के चारों ओर खँजड़ी बजाकर गानेवालों के दल में जो बाबा के बग़ल में बैठे हैं, यही तो हैं वे, राधेकृष्ण अखाड़ा के मन्दिर में जिनसे भेंट हुई थी। हालाँकि उन्होंने कोई नई बात नहीं बताई थी। फिर भी एक लम्बे अरसे के बाद बिना कुछ पूछे ही उन्होंने कुछ बातें तो बताई थीं।

सीमा कार से उतरकर दौड़ पड़ी उस बाबाजी की ओर, उनको प्रणाम करके पूछा, "कहाँ, हमारा बेटा तो नहीं लौटा बाबा? आपने कहा था न कि वह लौट आएगा?"

बाबाजी ने अपनी मुँदी हुई आँखें मिचमिचाने के बाद, फिर उन्हें खोलकर उसकी ओर देखा—कुछ न समझ आने-जैसी बात सुनने की तरह।

फिर सुरेश ने पूछा, "बाबा, परसों कहा था न आपने? उम्मीद बँध गई थी कि कुछ होगा यहाँ...।"

बिना कुछ कहे बाबाजी ने उँगली से इशारा किया बीच में बैठे साधु की ओर, शायद वे ही मुख्य स्वामी हैं यहाँ। उनके आगे ये मुँह नहीं खोलेंगे शायद।

सीमा ने मिन्नतें की, "आप चलकर ज़रा बता दें न हमारी बात स्वामी जी को। कहाँ है हमारा बेटा? कब लौटेगा? ज़रा कहिए हमारी बात उनसे!"

घड़ी देखते हुए सुरेश ने सीमा के कान में कहा, "ट्रेन का टाइम हो रहा है, ध्यान है न।"

सीमा उस ओर ध्यान दिए बिना चबूतरे के बीच की ओर चल पड़ी। साथ अखाड़ा मन्दिर के बाबाजी थे। उन्होंने बीचोबीच बैठे स्वामी जी के कान में कुछ कहा सीमा को दिखाकर। और भी बीस लोग उन्हें घेरे हुए हैं, प्रणाम कर रहे हैं, गुहार कर रहे हैं। स्वामी जी ने आँखें खोलकर देखा सीमा को, सुरेश को, स्थिर दृष्टि से।

अखाड़ा के बाबाजी ने सीमा से कहा, "आप ख़ुद ही कहिए क्या कहना है। नहीं, पैर मत छूइए, बाबा चरण-रज नहीं देते।"

सीमा तड़ातड़ कहती चली गई, "हमारा बेटा बीस साल पहले...।"

स्वामी जी का सौम्य चेहरा कुछ गम्भीर तो नहीं हो गया? आँखें बन्द कर लीं उन्होंने, हाथ उठाया आशीर्वाद देने की मुद्रा में।

इस बार सुरेश ने पूछा, "कुछ कहिए स्वामी जी! हमारा बेटा ठीक तो है न?"

सीमा ने पूछा, "जहाँ कहीं भी हो, अभी है न हमारा बेटा बापी? बस, इतना ही बता दीजिए...।"

स्वामी जी ने आँखें नहीं खोलीं। ज़रा-सा सिर हिला दिया, हाथ उठा लिया आशीर्वाद देने के अन्दाज़ में।

लोगों को हटाते जा रहे हैं गेरुआ कपड़ा पहने चेले, "चलिए-चलिए। परेशान मत कीजिए बाबा को! भीड़-भाड़, शोर-शराबा बाबा को अच्छा नहीं लगता। आज लौट जाना है हमें, यहाँ स्वामी जी का प्रवास पूरा हो गया।"

सुरेश घड़ी देख रहे हैं, "ट्रेन निकल जाएगी सीमा, चलो!"

टैक्सीवाला हॉर्न बजा रहा है। सीमा रुआँसे गले से कह रही हैं अखाड़े वाले बाबाजी को, "पर स्वामी जी ने तो कुछ कहा ही नहीं।"

"कहा है। जो कुछ भी घटित हो रहा है उसे मान लो, स्वीकार कर लो प्रभु की इच्छा समझकर।"

टैक्सी में बैठकर सुरेश खीज रहा है, "हो गई न तसल्ली? सिर्फ़ वक़्त की बर्बादी है। ऐसी जगहों में आने से इसी तरह बुद्धि भ्रष्ट हो जाती है।"

सीमा आँसू पोंछ रही है, कह रही है, "स्वामी जी ने कहा, हमारा बापी ठीक-ठाक है, अच्छा-भला है।"

सुरेश लम्बी साँस लेते हुए चुप रहे, "यह तो सभी बाबा-ज्योतिषी कहते हैं। क्या फ़ायदा ऐसी बातों से?"

घनी रात में ट्रेन की साइड सीट पर बैठे हैं दोनों। बाहर कुहासे भरे चाँद के नीचे कुछ दिखाई नहीं दे रहा, मानो एक पागल दुनिया भाग रही है, बेरोक-टोक।

सीमा के गालों पर आँसुओं की धार चमक रही है। कहती चली जा रही है वह लगातार, "पहचान नहीं पाए तुम? वही स्वामी जी, हमारा बापी ही था वह! क्या लौटकर चलें अगले स्टेशन से फिर से उसके पास?"

स्वामी जी शायद आज लौट गए होंगे शहर छोड़कर, किस राज्य की किस एकान्त गुफा में रहते हैं कौन जाने। कहाँ ढूँढ़ते फिरेंगे हम उन्हें? और क्यों? कैसा पागलपन है यह?

सुरेश समझा रहे हैं, "यह सब देख-सुनकर तुम्हारा दिमाग़ चकराने लगा है सीमा। वह हमारा बापी कैसे होगा? हमारे बापी की नाक नुकीली थी, रंग साँवला था। माथा छोटा था, घने घुँघराले बाल...यह आदमी...।"

सीमा सुबक-सुबककर रो रही है साड़ी का पल्लू मुँह में दबाए हुए, "वही था बापी। उसकी आँखें नहीं देखी? किस तरह देखा उसने मेरी ओर! मैं समझ नहीं पाई तब। अब साफ़ दिखाई दे रहा है मुझे।"

बेटे का चेहरा अब साफ़ याद नहीं आता। फ़ोटो देखने से भी नहीं। फ़ोटो ही दिखता है, चलता-फिरता इनसान नज़र नहीं आता लगभग—कभी-कभार एक झलक मिल जाती है शायद। वह स्वामी जी। क्या वह बापी होगा? सीने में दफ़न राख से तड़ाक से निकल आई आग की लपलपाती जीभ। आँखों से बह गए गरम आँसू। क्या वाक़ई वह बापी था? क्या यह सम्भव है?

होने दो। हो तो हो। अब किस तरह वापस लाया जाए, बह चुके पानी को? उस बाबाजी को? क्या होगा अब उसे लाकर? कहाँ रखेंगे अब उसे अपने जीवन में?

सीमा की पीठ पर हाथ रखा सुरेश ने। कहा, "वह बापी हो तो भी अब कुछ नहीं होना है सीमा। कहाँ ढूँढ़ पाएँगे अब फिर से उसे, जिसे हम जानते थे? तुम बहला-फुसलाकर खिलाती थी, मैं डाँटता-फटकारता था। क्या पहचान पाओगी आज उसे?"

ट्रेन दौड़ती चली जा रही थी। बाहर कुहासाभरी चाँदनी तले एक अन्धी दुनिया भाग रही थी।

सीमा ने कहा, "ठीक-ठाक रहे वह! सुख से रहे, अपनी तरह से रहे!"

द्वीपांतर

अब कल्याणी सोच रही है ठीक किस दिन, किस वजह से उसका इस तरह द्वीपांतर हुआ। रेशमी ऊष्म ककूना-सा उसका घर-संसार किस तरह एक झटके में हाथ से निकल गया। और रिश्ते में कहीं सुई की नोक तक न चुभकर निकटतम, आत्मीयतम, और अपने अर्धांग से भी बढ़कर पति उसके अपरिचित हो गए, जान तक न सकी कब। अब तक के मधुर दाम्पत्य जीवन में खटास आ गई रातों-रात।

निस्सन्देह इस सबकी शुरुआत हुई उसके प्रात: भ्रमण से। कहा जाए तो उसके ब्लड-प्रेशर से, शरीर का वज़न आवश्यकता से अधिक बढ़ जाने के कारण। उसकी अस्वस्थता से, जबकि उस अस्वस्थता से अभी तक उसे कोई परेशानी नहीं हुई थी। सब कुछ ठीक-ठीक चल रहा था। पति पार्थ की व्यस्तता भरी नौकरी के बावजूद परिवार से अटूट बन्धन, होनहार बेटे के लिए नामी कॉलेज में दाख़िला, बेटी अपर्णा की भरतनाट्यम में ख्याति थी। दोस्तों की महफ़िलें, पार्टी, सिनेमा, थियेटर, यात्रा, मेला सब थे। उसके बाद एक दिन सहसा पारिवारिक डॉक्टर ने बताया कि कल्याणी पूरी तरह स्वस्थ नहीं है, उसका ब्लड-प्रेशर कुछ ज़्यादा है। स्वस्थ रहने के लिए खान-पान में परहेज, कुछ दवाइयों के अलावा प्रतिदिन कम-से-कम एक घंटा चलना होगा खुली हवा में।

कल्याणी ने इस ओर कोई ख़ास ध्यान नहीं दिया था। बीमारी ने भी अभी तक कोई कष्ट नहीं दिया है, निदान भी काफ़ी सरल है। इस उम्र में कोई-न-कोई जानी-मानी बीमारी होनी ही है, बल्कि अधिक स्वाभाविक भी है। पर पहले वह समझ नहीं पाई थी कि डॉक्टर का निर्देश मानना वास्तव में

उतना आसान नहीं है। ख़ासकर उसके लिए जो अकारण कहीं भी नहीं जाती अकेली। वह भी पैदल।

पति पार्थ लम्बे हट्टे-कट्टे बड़े ऑफ़िसर हैं। उनका दिन भर का समय काफ़ी उदार रूप से बँटा होता है—सभी कामों के लिए, सबों के लिए। उसमें बेटी के लाड़-प्यार के लिए समय होता है, बेटे के साथ बैठकर विदेश से मँगवाया फॉर्म भरने के लिए भी, और कल्याणी से उसकी भतीजी के डायवोर्स से लेकर ब्लाउज ख़राब सिलने वाले दर्ज़ी तक—सब तरह की ख़बरें सुनने को उनका मन सदा खुला रहता है। जबकि पत्नी के साथ चलने के लिए रोज़ एक घंटा समय निकालने की बात और है।

जब कल्याणी ने मुँह फुलाकर कहा, "रास्ते में कौन जाए अकेले टहलने? तुम चलो तो साथ चलूँगी। इतना सा समय नहीं निकाल सकते मेरे लिए?"

इतना कहने के बाद पार्थ के व्यथित चेहरे की ओर देखकर वह ख़ुद ही व्यथित हो उठी। सब कुछ जानते हुए भला किस तरह उन्हें दोष दे सकती है, भले ही वह रूठकर ही क्यों न हो। बात यह थी कि दोनों का जीवन इस प्रकार गुत्थम-गुत्थी होकर चल रहा था कि एक-दूसरे के लिए अलग से समय निकालने की कभी ज़रूरत ही नहीं पड़ी। शादी हुई थी न जाने कब कितने युग पहले, निगाह नहीं पहुँचती अब देखने पर। मानो जन्म से ही दोनों इकट्ठे जीते आ रहे हैं जीवन। कभी-कभी कल्याणी बोल उठती, "अरे, वही जो मंडल सर हमारे स्कूल में भूगोल पढ़ाते थे न?" पार्थ हँसी रोकते हुए कहते, "क्यों भई...तुम्हारे साथ मैंने भूगोल कब पढ़ा?" कल्याणी अपनी ग़लती पर हँस पड़ती और कहती, "क्या कभी ऐसा भी कोई समय था जब तुम मुझे नहीं जानते थे?" वाक़ई विश्वास नहीं होता सोचने पर और फिर सोचने लगती, पार्थ की जगह और कोई होता तो उसकी ज़िन्दगी कैसी हुई होती? ऐसा न हुआ होता तो और किस तरह का जीवन सार्थक हो सकता था? या सम्भव ही था? उसके बाद वह सारे सवाल-जवाब मन से खदेड़ देती।

लेकिन उस दिन दफ़्तर से लौटते समय पार्थ ज़रूरी दवाइयाँ लेकर जब लौटे और बोले, "घड़ी में कल भोर पाँच बजे का अलार्म लगा देंगे, और वाक् पर चलेंगे दोनों, ठीक है? इस नियम में ज़रा भी इधर-उधर नहीं होगा, याद रखना।"

कुछ दिनों तक ख़ुद पार्थ ने उसे भोर-भोर जगाया और दोनों तैयार होकर मॉर्निंग वाक् पर गए। चार-छह दिनों में वह नियम टूट गया। उस दिन-रात में दोनों पार्टी से

देर में लौटे थे। उसके बाद कई दिनों तक ऑफ़िस की फ़ाइलें घर आई थीं, आधी रात तक बैठे बिना काम नहीं चलता। तब तय हुआ कि शाम को टहलेंगे। लेकिन एक दिन के बाद पार्थ के लिए दफ़्तर से जल्दी लौटना सम्भव नहीं हो सका। चलो ठीक है, रात को खाने के बाद टहलने चलेंगे। इधर कल्याणी को रसोई का काम समेटते-समेटते देर हो जाती। पन्द्रह दिनों के बाद डॉक्टर ने जाँच करके कहा, "भाभीजी, आप मेरी बातों को सीरियसली नहीं ले रही हैं। आपके लिए नियमित चलना बहुत ज़रूरी है।" काफ़ी विचार-विमर्श के बाद यह तय हुआ कि पार्थ अलार्म भरेंगे, सुबह कल्याणी को जगाएँगे और उनका उत्साह बढ़ाएँगे, पर प्रात: भ्रमण के लिए जाएँगी कल्याणी—अकेली।

घर से निकलकर दाहिनी ओर की गली में सीधे जाने पर सरकारी स्कूल का बड़ा अहाता पड़ता है, उसके सामने है खेल का मैदान। मैदान के चारों ओर क़तारों में शानदार बँगले और गुलमोहर के पेड़ों से घिरी सुन्दर सड़क है। ख़ूब सुबह से वहाँ दिखाई देने लगते हैं प्रात: भ्रमणकारी। जॉगिंग सूट स्पोर्ट जूतों में हल्की दौड़ करने वाले युवक-युवती या एकाध युवा दम्पती और बाक़ी धीमे क़दमों से टहलने वाले लोग जिनमें ज़्यादातर अधेड़ उम्र के होते हैं। पार्थ के साथ कुछ दिन टहलने में ही अधिकतर लोगों का चेहरा परिचित हो गया था। इसलिए इस बार अकेले टहलने में कल्याणी को कोई ख़ास झिझक नहीं हुई। बल्कि भोर में घर से निकलते समय उनमें मिली-जुली प्रतिक्रिया होती, उसके बहुत पास भी कोई नहीं होता सचेत सावधान रहने-सा, फिर भी कुछ ही दूरी पर हैं सभी, हमराही, हमदर्द लोग, सुरक्षा की भावना भरने के लिए। आश्विन महीने के भोर के समय सामने के रास्ते का नीम का पेड़ हरे-भरे पत्तों-डगालों के साथ अपना पूरा आकार लिए बस निकल ही रहा होता है हल्का-रंग पुते आकाश से। गली पार करके स्कूल की लाल दीवार के कोने तक पहुँचने पर चमकीली जॉगिंग ड्रेस पहनकर दौड़ने वाली उस जोड़ी से भेंट होती है, और कुछ हाथ आगे जाते ही नीली जाँघिया पहने एक लड़का पीछे से दौड़ते हुए आकर उससे आगे निकल जाता है। जब तक कल्याणी मैदान का एक चक्कर लगाती है, वह लड़का चार-छह बार इसी तरह पीछे से आकर दौड़ते हुए आगे निकल जाता है। दो बँगलों के बीच के अहाते में पीपल के नीचे जहाँ हनुमानजी का एक मन्दिर है उसी के आसपास पहुँचने पर गलियारे से निकल रहा होता है पाजामा-कुर्तावाला एक व्यक्ति, सुनील मित्र। धीरे-धीरे किसी से कुछ पहचानी-सी

मुस्कान, कोई सिर हिलाता या ज़रा-सा हाथ उठा देता, कोई कुछ भी नहीं। चारों ओर पेड़ों पर, सड़क के किनारे मैदान में चिड़ियों और गिलहरियों की चहल-पहल बढ़ती जाती। और एक पहर के बाद जो कुछ सुनाई देगी, दिखाई देगी वह केवल चारों ओर की सड़क पर मोटर-गाड़ियों व फेरीवालों की लगातार आवाज़।

तब तक कल्याणी घर पहुँच चुकी होती है। बेटा-बेटी स्कूल-कॉलेज के लिए तैयार हो रहे होते हैं। पार्थ चाय का कप लिये अख़बार पढ़ रहे होते हैं। कल्याणी उनके पास बैठती है, टी-पॉट से अपने लिए चाय उड़ेलती है। पार्थ के हाथ से अख़बार का एक पन्ना लेकर पढ़ती है और बातें करती है। बीच में उठकर अन्दर नौकरानी को काम बताती है। बेटी को उसका ड्रेस अलमारी से ढूँढ़कर देती, फिर लौटकर बैठ जाती पार्थ के पास, बातें करती। अन्दर से बेटा चिल्लाता, उसे कॉलेज की पिकनिक के लिए पैसे चाहिए, फ़ोन की घंटी बजती। पार्थ उठकर दफ़्तर के लिए तैयार होते। बाहर सड़क पर मोटर-गाड़ियों का शोर-शराबा बढ़ता जाता। इन सबके बीच कल्याणी बतियाती रहती। पार्थ सारी बातें सुनते हैं या नहीं सुनते, सवालों का जवाब देते हैं या नहीं देते, इसकी ज़रूरत नहीं। आसपास होते भर हैं।

प्रात: भ्रमण के पात्र भी क्रमश: अनायास आ जाते हैं कल्याणी की बातचीत में, "आज उस नीले निक्कर वाले लड़के के साथ एक लम्बी लड़की दौड़ रही थी। अपने नायर की लड़की जैसी दिख रही थी।" या फिर, "मॉर्निंग वाक् करने के लिए उस जॉगिंग सूटवाली जोड़ी ने न जाने कितने ड्रेस ख़रीद रखे हैं।" कल्याणी के दृश्य-जगत में भला ऐसा था ही क्या जो उसकी बातचीत के दौरान पार्थ की या परिवार की दृष्टि में न आ जाए! भले ही वह बात किसी के कान में घुसे या बर्तनों के टनटनाहट, टीवी न्यूज़, वाहनों के हॉर्न में समा जाए।

इस बीच परिचय भी बढ़ा था कभी किसी के साथ। एक मर्तबा सिर हिलाने के बाद दबी मुस्कान को पूरे होंठ तक लाते हुए सुनील मित्र ने पूछ ही डाला, "कल नहीं आईं आप? क्या नींद नहीं खुली?" जवाब में कल्याणी कुछ मुस्कराई। एक दिन कल्याणी ने उनसे पूछा, "आजकल आप अकेले आ रहे हैं?" सुनील ने कहा, "अकेला ही आता हूँ मैं। बस बीच में दो-चार दिन आई थीं मेरी पत्नी। पर सुबह-सुबह टहलना उनके शरीर को सहन नहीं होता।" उसके बाद अपनी गली के मोड़ से कल्याणी के साथ डग मिलाकर चलते हुए बोले, "आपका पन्द्रह नम्बर क्वार्टर है न? पहले हम वहीं रहते थे एक ब्लॉक छोड़कर, उन्नीस नम्बर में।"

अब घर पहुँचते ही पार्थ हों या बेटा-बेटी कल्याणी से पूछते हैं, "आज क्या सब हुआ तुम्हारे मॉर्निंग वाक् में?" कल्याणी समझ जाती है कि उसका उत्साह बढ़ाने के लिए यह भी उसके परिवार का एक तरीका है, क्योंकि घर से निकलते समय अकसर कल्याणी कहा करती, "अब चिढ़-सी होती है, रोज़-रोज़ उन्हीं रास्तों पर टहलने में।"

फिर भी घर छोड़कर रास्ते पर पैर रखते ही हर रोज़ नया कुछ होता। जैसे कि घर के अहाते की दीवार के क़रीब वाले पेड़ के पत्ते अब लाल होकर झड़ने लगे हैं। दिल्ली की ठंड के कोहरे में भिनसारा क्रमशः भारी होने लगता है। हालाँकि इन बातों में घर पर कहने जैसी कोई बात नहीं होती। कभी कल्याणी कहती, "आज सुनील जी ख़ूब बड़ा फुल स्वेटर पहनकर आए थे।" पर सुनील के साथ चलते समय उनके स्वेटर से कपूर की महक आ रही थी। कल्याणी ने सोचा पहन लिया होगा बक्से से निकालकर, एकाध दिन खुले में डालकर पहनना चाहिए था। फिर सुनील ने कहा था, "उस चमकीली जोड़ी को शायद ठंड बिलकुल नहीं लगती।" सुनील ने स्वेटर के पक्ष में कहा था, "अरे नहीं, लाल सूट हाल में ही विदेश से आया है न, जाड़े के कपड़ों में छुप जाएगा।" इसमें भी घर में कहने जैसी कोई बात नहीं थी।

कभी-कभी घर पर बैठकर चाय पीते समय वह भ्रमण के दौरान की लगभग आधी बातें भूल चुकी होती है। अगले दिन जब फिर भोर होती तो ओस से सारा मैदान धूसर दिखाई देता और कल्याणी को लगता कई छोटी-छोटी बातें इकट्ठी हो गई हैं पार्थ को बताने के लिए। फिर घर लौटकर समझ जाती कि पिछली बातों का सिलसिला आगे बढ़ाकर नहीं कहा जा सकता, किस तरह पीपल के नीचे मन्दिर के पास कुत्ते से घायल एक मैना आज लँगड़ा-लँगड़ाकर चल रही थी। इसलिए वह ख़ास-ख़ास बातें जल्दी-जल्दी कह जाती, "जाड़ा पड़ने के कारण अब अलग-सा लगने लगा है चारों ओर, समझे।" या "सुनील जी की छोटी बेटी एम.फिल. कर रही है। उसके लिए लड़का ढूँढ़ रहे हैं वे लोग। क्या अपने गांगुली के बेटे के लिए कहें?"

धीरे-धीरे एक तरह की पारिवारिक मित्रता भी शुरू हो गई थी सुनील के साथ। हर रोज़ एक साथ चलना सम्भव न होने पर भी रोज़ाना लगभग एक ही जगह मुलाक़ात होने पर वे पूछते, "आपके बेटे ने विदेश के जिन यूनिवर्सिटीज़ में एप्लॉय किया था, उनका जवाब आया?"

तब कल्याणी को याद आता कि सुनील को कहने के लिए उसके पास भी इस बीच कई बातें इकट्ठी हो गई हैं। हालाँकि अब घर पर चाय पीते समय भ्रमण की बातें घिसी-पिटी लगतीं, या फिर उन बातों का कोई उत्तर नहीं मिलता। वह ख़ूब मज़ेदार बात शुरू करती, "शायद आज सीमा भोर की ट्रेन मिस कर गई समझे, बात यह हुई...।" उत्तर मिलता, "कौन-सीमा?" कुछ ठंडे पड़े उत्साह से कल्याणी कहती, "अरे, वही सुनील जी की पत्नी। मैंने कई बार उनके बारे में तुमसे बताया है।" मज़ेदार बातें न सुनकर पार्थ उलटे मज़ाक़ करते, "लगता है सुनील मित्र से तुम्हारी कुछ गहरी दोस्ती हो गई है।" कल्याणी झूठी खीज दिखाते हुए कहती, "वह बाद में बताऊँगी, पहले मेरी बात सुनो।" किन्तु ठीक उसी वक़्त फ़ोन आ जाता है और ट्रेन मिस करने वाली बात अधूरी रह जाती है।

जाड़े के दिनों में अब भोर का वक़्त कोहरे में घुलकर घुस आया होता है दिन के भीतर। घड़ी की सुई देखने वाले शहर का नित्यकर्म शुरू हो चुका होता है। बच्चे स्कूल ड्रेस में निकलते होते हैं झुंड के झुंड। सभी टहलने वालों की पोशाकें बदल गई होती हैं, सिर्फ़ खिलाड़ी बालक अपना निक्कर-बनियान पहने दौड़ रहा था शायद कुछ और तेज़ी से। उस दिन कल्याणी ने कहा, "धन्य है यह चमकीली जोड़ी। क्या उन्हें ठंड नहीं लगती?" पास से गुज़र रहे जोड़े को मुड़कर देखते हुए सुनील ने कहा, "उस ढीले ड्रेस के नीचे दो-दो कपड़े और पहन रखे हैं उन्होंने। तुम क्या सोचती हो, चलते-चलते वे लोग और मोटे हो गए हैं?" कल्याणी ने भी मुड़कर देखते हुए कहा, "बड़ी तेज़ नज़र है आपकी। लेकिन आज आपको दूर से देखकर मैंने कोई बद्रीनाथ का यात्री समझा था।"

इस बीच कल्याणी ने आसपास के इलाक़े के रास्ते, गली, मैदान में, नये-नये नक़्शे में सैर करना शुरू कर दिया था। सुनील ही प्रस्ताव रखा करते, चलिए आज उस मन्दिर के पीछे वाले रास्ते पर चलते हैं, आज उस ओर की चौड़ी सड़क के उस पार के इलाक़े में। और बातचीत में भी कई नये मोड़ आ जाते—"कॉलेज के दिनों में मुझे ड्रामा का बहुत शौक़ था...।"

"मेरी छोटी बहन मुझसे एक साल छोटी थी, मेरी सबसे अच्छी सहेली भी थी। जानते हैं, बचपन से ही कहा करती थी कि ज़्यादा दिनों तक नहीं जीएगी वह।"

एक दिन सुनील ने पूछा, "आप लोधी गार्डन गई हैं कभी? वहाँ भी बहुत लोग आते हैं टहलने।"

कल्याणी ने कहा, "गई हूँ। पर यहाँ से तो काफ़ी दूर होगा?"

"किसने कहा? शायद ही आधा किलोमीटर हो। चलिए, चलकर देख लें।"

वास्तव में कल्याणी ने अकसर सड़क से ही पार्क देखा था। वहीं एक या दो बार क्लब की ओर से पिकनिक में गई थी। अब वहाँ पहुँचकर दंग रह गई। वह पार्क इतना बड़ा होगा उसने कभी सोचा तक नहीं था। चारों ओर बड़े-बड़े पेड़ होने के कारण सड़क से अन्दर कुछ साफ़-साफ़ दिखाई नहीं देता, सिवाय बीच-बीच में बने कुछ पुराने मुगलकालीन पत्थर की दीवारों व गुम्बजों के। छुट्टी के दिन अन्दर अच्छी जगह तलाशकर दूसरे पिकनिक दलों से दूरी रखकर बड़ी-बड़ी दरियाँ बिछी थीं। वहाँ बैठकर कई पार्टी गेम खेलने के बाद तरह-तरह के खाने बीच में सजाकर परोसे गए थे और सभी लोग ठीक से खा-पी लेने के बाद फ़्लास्क से गर्म कॉफ़ी पीकर अपनी-अपनी गाड़ियों से लौट गए थे। पहुँचते ही कल्याणी ने कहा, "कितनी अद्‌भुत जगह है। आज मैं ठीक से देखूँगी इस पार्क को।" पर एक हिस्सा भी ठीक से नहीं घूम सकी।

उस दिन टहलकर लौटने के बाद कल्याणी ने पार्थ को पार्क के बारे में सविस्तार कह सुनाया। हालाँकि पार्थ ने अख़बार से मुँह उठाकर बाएँ हाथ से चश्मा नाक की नोक तक लाकर उसकी बात सुनी, पर बेटा ख़ूब हँसा और बहन को आवाज़ देकर बुलाते हुए बोला, "मामून, अरे सुन जा। सड़क के उस पार पार्क का एक चक्कर लगाकर मम्मी इस तरह बखान कर रही है जैसे अभी-अभी अंटार्कटिका एक्सपेडिशन से लौटी हो।"

उसके दूसरे दिन पार्क की टेढ़ी-मेढ़ी पगडंडियों पर कल्याणी ने जितने भी अपूर्व दृश्य देखे, समझ गई कि ये सब बातें घर लौटकर नहीं कही जा सकतीं। सुनील से बोली, "सोचती हूँ बाप, बेटा-बेटी तीनों को एक दिन खींच-खाँचकर अपने साथ यहाँ ले ही आऊँ ख़ूब सुबह, तब समझेंगे ये लोग माँ क्या कहती थी।"

लेकिन उस छुट्टी के दिन रजाई से सिर तक नहीं निकाला किसी ने उसकी आवाज़ सुनकर। बेटी ने संवेदनापूर्वक कहा, "आज तुम भी सो क्यों नहीं लेती मम्मी, बीच-बीच में छुट्टी लेनी चाहिए या नहीं।"

कल्याणी ने और भी संवेदना से हँसते हुए कहा, "आलसी, सबके सब।" फिर सोचने लगी, 'जाऊँगी कैसे नहीं। आज न गई तो न जाने क्या कुछ नया हाथ से निकल जाएगा। सुनील भी अकेले चलेंगे।'

मोड़ में पहुँचने पर उन्होंने देखा, सुनील नहीं थे, पार्क में पहुँचने पर भी नहीं। सुन्दर पगडंडियों पर अकेली जल्दी-जल्दी पैर बढ़ाने लगी कल्याणी। अब ठंड कम होने लगी थी। ऊँचे-नीचे रास्तों पर, घास के मैदानों में, पेड़ों से छनकर आती नर्म धूप पड़ रही थी। नीम की पकी पत्तियाँ हवा से लगातार झर रही थीं बरसात की तरह। झाड़ियों की पत्रहीन शाखाओं पर नन्ही-नन्ही हरी कोपलें उग रही थीं। चलते-चलते बाईं ओर दिख रही हैं जाने किस युग की आधी ढही मोटी दीवारों वाली इमारत, मानो उस युग के लोग क़तई मरे-खपे नहीं हैं, ऐसा ही रूप है उसका, वह चारों ओर दिखती तसवीर का एक हिस्सा भर है। बदले मौसम की छाप है हर जगह। वह हरी-मटमैली चिड़िया पेड़ के कोटर में न जाने क्या ढूँढ़कर फिर निकल आती है बाहर। क्या ढूँढ़ रही है? क्या ढूँढ़ रही है ख़ुद कल्याणी? किस तरह यह नई दुनिया धीरे-धीरे खुलती जा रही है। हल्की ठंड की सुबह में ही नहीं, अपने अन्दर भी? कल्याणी ने जबरन घर की बातें याद कीं, अब तक बिताए जीवन की बातें। ऐसा तलाशता हुआ-सा भाव था कभी, हाँ, याद आ रहा है, न जाने किस युग में, निगाह नहीं पहुँचती। फिर भी बहुत निकट-सा लगता है, बस उस दिन-सा। ऐसा तलाशता-सा भाव, हर जगह कुछ-न-कुछ मिलने जैसा उचाट। उसके बाद क्या हुआ उसका? उसके ऊपर मिट्टी डालकर ईंट-पत्थरों का घर-संसार बना। फिर बीतने लगे दिन, जो कुछ मिलना था, मिल गया, काँटे-झाड़ियाँ हटा-हटाकर राह चलने के दिन गुज़र रहे थे। उसमें भी तो सन्तोष था, कभी कहीं कोई गहरा अफ़सोस नहीं था। तो फिर इतना अभाव था कहाँ, और इतना कुछ पाने के लिए? आसपास के सबको आईने की तरह देख-देखकर अपने नीड़ को सजाती चली आई है वह आज तक। साथ मिलकर दिन काटने को साहस, बल देने को सभी हैं, सब कुछ है। फिर भी इतना ख़ालीपन कहाँ था, इतना तलाशना, इतना पाना?

थककर पेड़ के पास बेंच पर जाकर बैठ गई वह। झरने की तरह पानी कचाड़ खा रहा था पास ही एक छोटे पथरीले नाले में, घास में भरे पानी में एक चिड़िया पंख पसारकर डुबकी लगा-लगाकर नहाई, फिर फुरफुर पंख झाड़कर पर फुलाकर छोटी-सी गेंद बन गई और धूप तापने लगी। चारों ओर बिखरी पड़ी सुबह की एकीभूत एकाग्र एक बूँद। कल्याणी को लगा, मानो हू-ब-हू वह ख़ुद हो।

आसपास दूर-दूर काफ़ी लोग टहल रहे हैं। बीच-बीच में उन्हीं की ओर उसकी निगाह चली जाती थी, जब से आई है। उसने फिर ख़ुद से सवाल किया, किस

तरह दूर-दूर टहलने वाला अपरिचित व्यक्ति निकट भी आ सकता है और एक नई दुनिया खुलती चली जा सकती है, उसके भीतर?

कल्याणी हर रोज़ की तरह घर लौटी और दिन भी बढ़ने लगा यथावत। शाम को पुराने मित्र-दम्पती मिलने आए, काफ़ी दिनों के बाद कुछ पुरानी स्मृतियाँ दोहराई गईं हँसी-ख़ुशी बातचीत के दौरान। उस बार छोटी बिटिया किस तरह आधी रात में अस्वस्थ हो गई थी, पार्थ नहीं थे घर पर, यह मित्र-दम्पती रहते थे पड़ोस में। आधी रात को भी तुरन्त ले गए डॉक्टर के पास। एक बार और कार में एक साथ खजुराहो घूमने जाते वक़्त रास्ते में गाड़ी ख़राब हो गई थी, छोटे-छोटे बच्चों के साथ बारिश भरी रात उन्होंने लेवल क्रॉसिंग के चौकीदार के कमरे में ही काटी थी। कितनी स्मृतियाँ इकट्ठी हैं, समय के साथ दूर हो मधुर-मनोहर हो गई हैं।

उनके चले जाने के बाद भी एक मधुर भाव छाया हुआ था घर भर में। ऐसे बहुत से मित्रों-रिश्तेदारों के साथ कई दिन, घटना-दुर्घटनाएँ एक साथ भोगी गई हैं, परिवार के सुख-दु:ख का बाँट-बँटवारा हुआ है। कल्याणी का परिवार वृत्त के भीतर का संयुक्त जीवन है। एक अकेली कल्याणी भी क्या कभी थी उसमें? कल्याणी सवाल कर रही थी ख़ुद से, क्या स्वतंत्र रूप में कभी जीवन का अनुभव किया था उसने अपने अन्दर, स्वेच्छा से हाथ बढ़ाकर कोई मित्र बनाया था? समय कुछ बिताया था ख़ुद अपने लिए? उस बचपन के बाद जब छींटदार फ्रॉक पहने वह अपने सिर से ऊँचे फूलों के पौधों के बीच टहल रही थी कोमल पत्तों और फूलों के बीच खोई-खोई सी? किसी स्टेशन के वेटिंग रूम में जब वह एक अपरिचित बच्चे के पास ख़ुद ही जाकर अपनी गुड़िया दिखाते हुए बोली थी, आओ खेलें? उसके बाद कहाँ सो गई वह नन्ही चंचल लड़की?

कल्याणी इतने सारे सवाल ख़ुद से कर रही थी क्योंकि उसे एक तरह का भय हो रहा था कि वह दूर होती चली जा रही है क्रमश: अपने परिचित प्रिय संसार से। आजकल कुछ समय के लिए सही वह पूरा कैसे भूल जाती है अपने इस ऊष्म ककूना-से संसार को, घर पर होते समय यह सोचकर उसे अपराधबोध-सा लगता था। इस चिन्ता से उदास हो उठती थी कि अब वह पार्थ के आगे पहले की तरह जब जो जी में आया अनर्गल बातें नहीं करती थी। लगता था कि ये सब बिना कहे भी चलेगा। पार्थ को तो पता भी नहीं चलेगा। फ़र्क़ भी नहीं पड़ेगा कुछ। कभी-कभार उसे चौंकाती भी थी पार्थ की प्रतिक्रिया—"यह तुमसे किसने कहा,

सुनील मित्र ने?" या "मुझे तो नहीं बताया पहले। शायद किसी और से बताया हो, भूल रही हो।"

दूर होने की वजह से हर रोज़ पार्क जाना सम्भव नहीं होता था। समय पर घर लौटना नहीं हो पाता था। दोपहर को घर का सारा काम-काज ख़त्म करके घर में ताला बन्द करके जाना अधिक सुविधाजनक है। हल्की ठंड की धूपभरी हवा में हर रोज़ ज़रा-ज़रा सा नया रंग चुपड़ने वाले सभी पेड़-पौधे अलग दिखाई देते हैं। यह नहीं था कि घने पेड़ों के उस ओर की सड़क और मकान दिखाई नहीं देते, पर आड़ रहती है, अस्पष्ट रहती है बाहर की दुनिया, उसमें इतना वज़न है यह विश्वास नहीं होता। काले बदन पर चुटकी भर लाल रंग चिपकाए इधर-उधर फुदकती एक चिड़िया, स्कूल जाने के रास्ते से खिसक आए पानी छपछपाकर खेल रहे बच्चे, सामने घट रही प्रत्येक घटना पूर्ण कर देती है वर्तमान को। कुछ भी इतर नहीं था मन भरकर देखने के लिए, उस पल को भर देने के लिए। कोई बात असंगत या फ़िज़ूल नहीं है सुनील से कहने या उससे सुनने के लिए। कभी-कभी लकड़ी की बेंच पर पास बैठे सुनील को देखकर कल्याणी सोचती है, किस तरह का जीवन जिया था इसने आज तक? किन लोगों ने भागीदारी की थी इसके सुख-दुःख में? कैसे-कैसे काले-सफ़ेद-धूसर जगह सब छुपे होंगे इस व्यक्ति के अन्दर जिनसे मैं अवगत नहीं हूँ? इतने में पीठ पर बैग लटकाए पानी में खेल रहे बच्चे सीमेंट के झरने से काई साफ़ कर रहे कर्मचारी से बेझिझक पूछ रहे थे, "अंकल जी, यहाँ छोटी-छोटी मछलियाँ हैं, आपके झाड़ू से मर नहीं जाएँगी?" और अंकल जी वयस्क व्यक्ति के अभिभावकपन का मुखौटा न पहनकर मछलियों के घर, बग़ीचे के बारे में उन्हें जानकारी देते हैं। सुनील के दूसरे घर-संसार की बात भी असंगत हो जाती है।

भय होता है जब लौटते क़दम पड़ते ही सामने वज़नी होकर खड़ा हो जाता घर। कल्याणी काम की देखरेख, खाना पकाना, मेहमाननवाज़ी में जुट जाती है। इधर-उधर की बातें दिमाग़ में नहीं घुसने देती। डर लगता है। मानो यह जीवन क्रमशः अद्भुत असंगत होता जा रहा है। झूठा होता जा रहा है और इसीलिए कभी-कभी असहनीय भी।

कब से शुरू हुआ इस अनुभूत जीवन का दो टुकड़ों में बँटना? जिस दिन से उसने घर में ताला बन्द करके पार्क जाने की बात पार्थ से नहीं बताई? जिस दिन उसके मन में एक अजीब-सी बेचैनी हो रही थी वह घटना बताने के लिए कि किस

तरह एक नर्सरी स्कूल के नन्हे-नन्हे बच्चों को चपरासी के जिम्मे छोड़कर टीचर्स बातें करने में मस्त थीं और एक बच्चा नाले में गिरकर काफ़ी पानी पी गया। और एक दिन बेटे को बाहर से झालमूढ़ी ख़रीदकर खाते समय वह नहीं कह पाई कि उसे फेंक दे, आज मैंने देखा है मूढ़ीवाले की सारी मूढ़ी पार्क के पत्थरों पर बिखर गई थीं और वह उसे समेटकर ठोंगों में भर रहा था। कल रात ड्रामा देखकर ख़ुशी-ख़ुशी घर लौटते समय उसे होंठों पर सहसा यह बात रोकनी पड़ी थी कि जानते हो, सुनील के जीवन की कई घटनाएँ इस ड्रामे की कहानी से हू-ब-हू मिलती हैं। उसने कहा नहीं क्योंकि मुँह से निकलते ही सच-झूठ, हलका-भारी सब गड्डमड्ड हो जाएँगे। बताने के सारे रास्ते बन्द हो चुके हैं जबसे उसने देखा होंठों से निकलते ही विकृत, हास्यास्पद हो जाती हैं उस जादुई राज की बातें।

तभी से जब-तब आईने के सामने, रसोईघर में, लोगों के बीच, बिस्तर पर, दबोचने लगता है एक तरह का भय। हाथ की मुट्ठी में अब तक बन्द ठोस संसार में पंख लग जाने-सा उड़ रहा है, बदराही-कोहरा बन निकलता जा रहा है अँगुलियों की झिरियों से। अब दो समानान्तर दुनिया में जी रही है वह। नहीं, ऐसा भी नहीं है। अब तक अपना समझती आई दुनिया में आहिस्ता-आहिस्ता चुकती जा रही है वह बेटी की विज्ञान पुस्तक में पढ़े नभ-मंडल के एक तारे की तरह।

रात को बिस्तर पर लेटे हुए कल्याणी ख़ुद से खुल्लमखुल्ला सवाल करती, जानती है, नियम तोड़े जा रहे हैं? और बोलती—जानती हूँ। ऐसा कब तक चलेगा? जवाब मिलता, नहीं जानती। उसके बाद शायद हताशा घिर आती, कहीं कुछ ऐसा-वैसा न हो जाए जिसे अब सँभाला न जा सके। अब और नहीं, जितना होना था हो चुका। नींद नहीं आती काफ़ी देर तक। बग़ल में पार्थ सोए हुए हैं निश्चल। लम्बी-लम्बी साँसें सुनाई दे रही हैं। देवी-देवताओं को बड़ी आतुरता से पुकारती कल्याणी, शायद कहीं कोई चूक हो गई, मैं समझ नहीं पा रही। और भी पूछती देवी-देवताओं से, तो फिर क्यों मुझे हर वक़्त लगता रहता है कि यह ज़रा-सा ही मेरे अब तक के तमाम अनुभवों की सार्थकता का निचोड़ है? इतना ही है मेरा प्राप्य। किस तरह इतनी सी सम्भावना बची थी मेरे अन्दर?

न जाने कब एक निश्चिन्तता छा जाती है और नींद में पलकें बन्द होने लगती हैं। लगता, कोई ख़ास फ़र्क़ नहीं पड़ता। कल सुबह होगी, बाक़ी सब अप्रासंगिक हैं। अब इस दुनिया ने बहुत ज़्यादा दु:ख देने की क्षमता बचाकर नहीं रखी है

अपने पास। आघात दे सकने योग्य सारे आयुधों का विष धुल चुका है इस बीच। यह तो केवल सुन्दर तरीक़े से तैयार किया गया एक नाटक है, एक कहानी है, एक चलचित्र है, जिसमें शामिल हूँ मैं ख़ुद। शायद ये सब मुझे भींचकर पकड़ सकते हैं, मेरा मनोरंजन कर सकते हैं, या फिर कर सकते हैं अन्यमनस्क, उससे ज़्यादा कुछ नहीं।

अन्त में कल्याणी के होंठों पर मुस्कान उभर आती है और वह ख़ुद से कहती है, निश्चय ही यह द्वीपांतर है। भला और क्या कहा जाएगा इस देशान्तर होने के अनुभव को? केवल एक ही प्रश्न का उत्तर मुझे नहीं सूझ रहा है, एक अजीब-सी उथल-पुथल मची है मेरे मन में कि कौन-सा मेरा अपना देश है, और कौन द्वीपांतर।

अपना-अपना प्रेम

हमारे शहर में एक प्रवीण लेखक आकर रहने लगे थे। हमारा शहर यानी मैं भोपाल की बात कर रही हूँ। मेरी नौकरी का अधिकतर समय लगभग यहीं जो बीता है। अपूर्व मनोहर शहर है। मन रम जाएगा कुछ दिन वहाँ रह जाने पर; कोई कुछ भी कहे, उसकी भाषा-संस्कृति चाहे जो भी हो, पैदाइशी वह वहाँ का रहा हो या न हो।

लेखक भुवन शर्मा ने महानगरों में अपना कर्ममय जीवन बिताया था। अब क्या मन में आया, हमारे मध्यम तरह की इस नगरी में बाक़ी बचा जीवन बिताने की ठानकर एक मकान ख़रीद लिया। कुछ सेवानिवृत्त सरकारी कर्मचारियों और कई वर्गों के कुछ कलाकारों को लेकर शहर के बाहर वह कॉलोनी बस चुकी थी। अभी जम भी नहीं पाए थे कि लेखक महोदय के घर पर लेखकों का जमघट लगने लगा और उन्हें सभा समितियों में बुलाया जाने लगा। पुरानी धाई को देखते ही उसकी गोद में बच्चा थमा देने की तरह उत्साही साहित्यकारों ने उन्हें एक पत्रिका के सम्पादन की ज़िम्मेदारी भी सौंप दी।

हमारे कॉलेज के सालाना जलसे के दौरान एक दिन शर्मा जी मुख्य अतिथि के रूप में बुलाए गए थे। कॉलेज के बारे में भी बता दूँ, क्योंकि इतने मनोरम दृश्यों से भरा कोई कॉलेज शायद ही देशभर में होगा। पहले यह नवाब का ग्रीष्मकालीन महल था। अब रानी लक्ष्मीबाई बालिका महाविद्यालय है। इस नगरी की ख़ासियत है घनी बस्ती के बीच हर दिशा में फैली एक ऐतिहासिक झील, कभी-कभी उस पार तक आँखें नहीं पहुँचतीं। 'छोटा ताल' के नाम से मशहूर इसी झील के एक किनारे हमारे कॉलेज की दो मंज़िला आलीशान इमारत का आधा हिस्सा पानी में पालथी मारे बैठा है। बाक़ी का आधा पेड़ों के घने झुरमुटों में लगभग छुपा होता है।

पुराने शहर के बाज़ार, गलियाँ, रिक्शे, ताँगे, नालियाँ पार करके किसी तरह कॉलेज के फाटक के अन्दर घुसते ही विशाल पेड़ों से भरा परिसर है। इम्तहान नज़दीक होने के दिनों में आम, जामुन के पेड़ लद जाते थे फूलों से, कच्चे-पक्के फलों से, चिड़ियों के किचिर-मिचिर से। ऐसा शायद ही कोई भारतीय पेड़ होगा जो इस अहाते में न हो। कुछ विशाल पेड़ों पर तो उनके नाम-गाँव की पट्टिकाएँ भी लगी हुई हैं।

बहरहाल, अब तक सहस्राधिक नारियों से भरे मंच पर मुख्य अतिथि बैठे हुए थे और अपना आह्लाद नियंत्रित न रख पाकर बग़ल में बैठे कॉलेज के कल्चरल सेक्रेटरी अनूप द्विवेदी को कुछ-कुछ टिप्पणी भी देते जा रहे थे। अनूप कॉलेज के गिने-चुने पुरुष अध्यापकों में से एक था। पर ऐसे परिसर में रहने के बावजूद वह भी युवा उम्र में, उस परिवेश का ज़रा भी चाक्षुष आनन्द नहीं उठा पाता था। वह जन्मान्ध था।

कार्यक्रम चलते समय शर्मा जी के मन पर अन्य सभी बातों की बनिस्बत शायद स्वयं अनूप ने ही अधिक प्रभाव डाला था। अनूप को उस बात का अन्दाज़ा लग गया था और प्रोग्राम के अन्त में रोज़ाना की तरह जब उसका ड्राइवर उसे बुलाने आया, उसने शर्मा जी को उनके घर तक पहुँचा देने का अनुरोध किया। गाड़ी में बैठने के बाद शर्मा जी को कोई मित्र मिल जाने-सा बतियाने लगे। अनूप के लिए हालाँकि यह कोई नई बात नहीं थी; अक्सर लोग उत्सुक हो उठते हैं उसके बारे में। जबकि अपनी नज़रों से उसे वैसा कुछ दिखाई नहीं देता था अपनी ज़िन्दगी में। शहर के सम्भ्रान्त इलाक़े में उनका पुश्तैनी मकान था, पिताजी सरकारी अफ़सर थे। दुनिया के सभी सभ्य देशों की तरह यहाँ भी उत्तम पृष्ठभूमि की वजह से विकलांग होने की बेबसी पर लगभग क़ाबू पा लिया गया है। बचपन से ही शिक्षित माता-पिता ने उसे जीवन के इस मूलभूत दुखद सत्य को स्वीकार कर लेना सिखा दिया है।

कार में जाते समय शर्मा जी ने उससे पूछा, "शादी हो गई?"

अनूप—"नहीं सर!"

अनूप ने सोचा, वे भी अन्य पाँच लोगों की तरह मैट्रिमोनियल की ओर जाएँगे। पर एकाएक शर्मा जी बोल पड़े, "तुम्हारे कॉलेज में आने के बाद से एक बात मेरे मन में आई है। हमारी पत्रिका का 'प्रेम-विशेषांक' छपेगा। तुम्हें देखने के बाद से न जाने क्यों मेरे मन में यह बात आ रही है।"

"मुझे देखने के बाद से?"

शर्मा जी समझाने लगे कैसी होगी प्रेम विशेषांक की विशेषता व रूपरेखा, और किस तरह अनूप के हाथों ही वह साकार होगी।

अनूप सहम गया। चेहरे के भाव वह ज़्यादा छुपा नहीं सकता। क्योंकि बेचारे ने आईने में कभी अपना चेहरा देखा जो नहीं। तभी चेहरे पर जो भाव जैसे उदय-अस्त होते हैं, स्वच्छंदता से हो जाते हैं। प्रवीण लेखक ने उसकी किशोर सुलभ लज्जा की लाली देखी, उपभोग किया। उनके सीने में एक तरह की ऊष्मा-सी फैल गई। कहा, "जानता हूँ, तुम्हें प्रेम का विशेष अनुभव नहीं होगा। तभी तो तुम इस विषय में पूरी तरह रम सकोगे।"

वे अनूप को समझाने लगे, बातचीत करके लोगों से प्रेम सम्बन्धी कहानियाँ निकालने के गुर। एक प्रौढ़ अभिभावक की तरह, अनुभवी प्रेमी व साहित्यिक होने के आत्मविश्वास व गर्व के साथ।

"लिखो तुम। कहानी नहीं। साक्षात्कार। कुछ लोगों के गोपनीय अनुभवों पर आधारित वास्तविक प्रेम कथाएँ। जिन्हें आकार मिलेगा इस स्वप्नमय परिवेश में। बल मिलेगा तुम जैसे एक भावुक पर अनभिज्ञ पुरुष से।"

"आप कहते हैं कि सचमुच के प्रेमी-प्रेमिका मुझे मिल जाएँगे अपनी कहानियाँ बताने के लिए?"

"उँ हूँ। सिर्फ़ प्रेमिका। नारी। तुम्हारे आगे वे बड़ी आसानी से अपना दिल खोल सकती हैं। उन्हें लगेगा यह एक तरह का गुप्त, अनदेखा इंटरव्यू है।"

"सर, लेकिन मैं सस्ते साहित्य में विश्वास नहीं करता।"

"पहले मेरी बात सुनो। गोपनीय इंटरव्यू लोगे तुम, उनके मन की गहराई की, किसी को दिखाई नहीं देनेवाली, सबसे सुखकर बातें और सबसे बड़े दुख की बातें भी। प्रेम और है ही क्या?"

अनूप के मन को भा गई प्रेम की यह परिभाषा। उस प्रस्ताव को मान लेने का साहस भी उसमें आ गया। आगामी दिनों में वह एक आच्छन्न स्थिति में कॉलेज में समय बिताने लगा। वह जानता है कि कौन-सी राह बदलकर किस ओर जाने से कैसे पेड़ मिलेंगे, और हाथ की पहुँच में कैसे-कैसे विश्वविख्यात फूल, जिन्हें देखने के लिए दूसरे कॉलेजों से उद्‌भिद विज्ञान के छात्र यहाँ आते हैं।

ऑफ़िस के सामने फूलों का बग़ीचा है, जिसका नाम दिवंगत प्रिंसिपल के नाम से सरोज गार्डन रखा गया है। उधर दूर अहाते में त्रिभुजाकार जंगल है जिसे

बोटानिकल गार्डन कहा जाता है। पर उस रास्ते से होकर जब छात्राएँ या शिक्षिका उसका हाथ पकड़कर ले जाते हैं तब दृश्यजनित भावान्तर उसमें नहीं होता। शर्मा जी को अनुकूल दिखनेवाला यह परिवेश उसे भी हृदयंगम करना होगा।

अनूप ने जब वरिष्ठ सहकर्मी के तौर पर मुझसे सलाह माँगी, उसने सोचा था कि मैं तुरन्त राजी हो जाऊँगी कि यह काम इंटरेस्टिंग है और एक्साइटिंग भी। दिलचस्प और रोमांचक। लेकिन मेरी पहली प्रतिक्रिया थी द्वंद्व, कि कॉलेज परिसर में छात्राओं से ऐसे प्रसंग में विचार-विमर्श करना नीतिगत समझा जाएगा या नहीं; इससे उनका भला होगा या बुरा।

अनूप का छात्राओं से अति सहज मेल-जोल था। सिर्फ़ छात्राएँ ही क्यों, वह ऐसा इनसान था कि जब नारियों के बीच होता तो किसी को याद ही नहीं रहता था कि उनके बीच कोई पुरुष भी है। लम्बा छरहरा पैंतीस साल की उम्र में भी दिखता था पच्चीस साल जैसा, सुन्दर चेहरे पर चमक थी, पर चौड़े ललाट के ठीक नीचे निष्ठुर-सी धँसी व मुँदी हुई थीं दो आँखें। ठहाका मार-मारकर हँसने लगता बात-बात पर। अनुशासन बनाए रखने में उसे ख़ास कोशिश नहीं करनी पड़ती, उसकी क्लास में छात्र बैठते उसके सहज स्वभाव के कारण। मुझसे बोला, "इंटरव्यू का काम मुझ पर छोड़ दें, बातें मैं निकलवा लूँगा। पर, सजा-सँवारकर सही ढंग से लिखने की ज़िम्मेदारी आपकी है। मुझे लिखने की आदत कहाँ?"

अनूप देख नहीं सकता, इसलिए हमारी तरह लिखने की आदत भी उसे नहीं है। सिर्फ़ उसे दस्तख़त करते मैंने देखा है, बाएँ हाथ की अँगुली से जगह टटोलकर दाहिने हाथ से कलम की नोक काग़ज़ से बिलकुल उठने न देकर अपना नाम संक्षेप में लिखता है। बचपन में ब्रेल लिपि से पढ़ाई की थी। कॉलेज आते-आते उसके लिए पिताजी ने रीडर लगा दिया था पढ़कर सुनाने के लिए; हर इम्तहान में एक राइटर रखा जाता अनूप का उत्तर लिखने के लिए। आजकल वह कम्प्यूटर से पढ़ाई करता है। पर लिखना उसके वश की बात नहीं थी।

विभागाध्यक्ष के रूप में मेरे ढेरों काम रहते हैं। इधर-उधर की झंझटों में पड़ने की अब इस उम्र में मुझमें उतना उत्साह नहीं है। फिर भी मन में तरह-तरह के कुतूहल अंकुरित हो चुके थे अब तक। दो दिनों बाद मैंने उससे पूछा, "क्या कुछ सोचा, कैसे कहाँ से इस काम की शुरुआत करोगे? किनसे पूछोगे, कैसे होंगे सवाल?"

देखा कि उसने तैयार कर रखी थी एक प्रश्नावली, साइकोलॉजी या सोसियोलॉजी के स्कॉलर पी-एच.डी. के लिए फील्ड रिसर्च करने की तरह। (क) क्या आपने जीवन में प्यार किया है? कितनी बार? (ख) दैहिक प्यार या काव्यिक? कुछ अनुभव बताएँ। (ग) क्या आपका प्यार विवाह तक पहुँचा? विवाहेतर प्यार के बारे में कुछ बताएँगे? (घ) क्या आपको परकीया प्रेम का कोई अनुभव है? कुछ खट्टी-मीठी आपबीती बातें बताएँ।

मैंने आवाज़ कुछ कड़ी करके कहा, "यह क्या अनूप! भला ऐसे सवाल पूछे जाते हैं?"

लाल पड़ते चेहरे में अनूप ने कहा, "क्यों, क्या हुआ, क्या खट्टी-मीठी आपबीती ख़राब सुनाई दे रहा है?"

"यह बात नहीं है। इस प्रश्नावली का इस्तेमाल कैसे करोगे, कुछ सोचा है?"

"क्यों, प्रिंट-आउट निकालकर कॉलेज की लड़कियों में और स्टाफ़ में बाँट दूँगा।"

"क्या उसके बाद बच्चों के माँ-बाप तुम्हें छोड़ेंगे? तुम्हारा गला दबा देंगे, तुम्हारी नौकरी चली जाएगी। क्या तुम्हारे दिमाग़ में इतनी सी बात नहीं घुस रही?"

अनूप के चेहरे पर भावान्तर की कुछ लहरें डूबती-उतराती-सी दिखाई दीं। बोला, "ठीक कह रही हैं।"

उसे और ज़रा समझाने लगी, "तुमने तो इतनी कविताएँ, उपन्यास पढ़े हैं; वह भी विश्व साहित्य से। प्यार एक रसमय अनुभव है या नहीं? ऐसे सीधे-सीधे सवाल पूछने से ख़ाक कहानी मिलेगी।"

लेकिन इस बार अनूप ने विश्वास के साथ जवाब दिया, "तो क्या हुआ, कोई भी कहानी क्यों न पढ़ें, नारी-पुरुष के प्रेम में ऐसे कुछ प्रकार के भेद के सिवाय भला और कैसे अनुभव होंगे?"

आगे तर्क न करते हुए बोली, "ठीक है तुम्हें जिससे भी जैसे भी जवाब लाने हैं ले आओ, साथ बैठकर जल्दी कहानी बना लेंगे। कुछ दिनों के बाद मेरे पास फिर समय नहीं होगा।"

यह कहते हुए मैं अपने काम में जुट गई। ख़ाली समय पाने पर इस बीच मैं दफ़्तर के बड़े बाबू से पूछकर अपने रिटायरमेंट के लिए पहले से काग़ज़ात तैयार करने लगी थी। एक बार नौकरी ख़त्म हो गई तो फिर तरह-तरह के झमेले जो हो जाते हैं। और फिर घर के सारे कामों के लिए मैं ही तो हूँ।

अगले सोमवार को अनूप अपना पहला सफल साक्षात्कार लेकर आया। केमिस्ट्री विभाग की फरीदा। बोला, इसकी शादी पाँच साल पुरानी हो चुकी है, पर अभी भी दोनों के प्यार में सैचुरेशन की भनक तक नहीं। फ़रीदा के कहे अनुसार, ऐसा विह्वल प्रेम इस जीवन में सम्भव होगा, इसकी कल्पना तक नहीं की थी उसने।

मैंने पूछा, "पर इसमें कहानी कहाँ है? किसी भी महिला पत्रिका में नारियों के वैवाहिक जीवन की तसवीर आदि के साथ सुमधुर दाम्पत्य प्रेम की दर्जनों कहानियाँ मिल जाएँगी। पता नहीं, वैसी पत्रिका तुम्हारी नज़र में आती होगी या नहीं।"

"नहीं, बात अभी पूरी नहीं हुई है। उसका पति उम्र में उससे काफ़ी बड़ा है, वह भी डिवोर्सी; पहले से दो बच्चे हैं।"

"जानती हूँ। फ़रीदा के बारे में कॉलेज के सभी लोग जानते हैं। उसके लिए दूल्हा मिलना आसान नहीं था, इसीलिए तैयार हो गई। जनाब को घर बैठे ऐसी कमाऊ बीबी जो मिल गई; क्यों नहीं करेंगे प्यार?"

"छि, छि मैडम। आप तो प्रेम कहानी को मटियामेट कर देंगी!"

"देखो अनूप! प्यार ऐसे हर तरह से प्रोत्साहन पाए बिना पनप नहीं सकता। अधिक दिनों तक हवा-पानी न पाने से ख़ुद ही सूख जाता है। पर फ़रीदा का नाम-पता तो लिखा नहीं जाएगा, वह अपनी शादी से पहले की कहानी छुपा क्यों रही है?"

अनूप ने कहा, "इस बारे में भी उन्होंने बताया है। उनका प्रेमी हिन्दू था यह तो आपको मालूम ही होगा; अगर लिखूँगा तो यह बात भी कहूँगा या नहीं? बेहद नाजुक मामला जो है।"

"अरे, लिखो न भाई। न जाने कितनी हिन्दी फ़िल्में बन चुकी हैं इस टॉपिक पर। तुम एक पत्रिका के लिए नहीं लिख सकते?"

ठीक है। बुरा नहीं है विषय। दोनों एक-दूसरे के जीवनसाथी हैं। फिर भी प्यार अथाह है।

और भी एक-दो कहानियाँ मिली थीं अनूप को। पिछले साल कॉलेज पास करनेवाली एक लड़की जो पड़ोस के टैक्सी ड्राइवर के साथ भागने के बाद माँ-बाप द्वारा घर से निकाली जाकर भी ख़ुश है। कोई और है जिसने पति के विरुद्ध पुलिस केस कर दिया है। मैंने राय दी, "दोनों ही हमारी कहानी के लिए बिलकुल ठीक नहीं हैं। उस दृष्टि से फ़रीदा का प्रसंग बुरा नहीं है। उसका पति किसी नवाब के

वारिस के तौर पर एक बड़ी हवेली का मालिक है। बसीर ख़ुद पुरानी खुली जीप चलाकर बीबी के लिए खाना ले आता है; दोनों बोटानिकल गार्डन के पेड़ की छाया में बैठकर लंच करते हैं। जब वह कॉलेज के एक्सकरसन में गई थी, तब बार-बार गुलाम अली की ग़ज़ल का रिंगटोन फ़रीदा के मोबाइल में बजने पर छात्राएँ हँसने लगतीं। मैंने पूछा, "पर उसमें गोपनीय क्या बचा?"

फ़रीदा ने बताया कि उन दोनों ने अपने जीवन का कुछ भी एक-दूसरे से नहीं छुपाया। फ़रीदा ने अपने पहले प्रेमी के बारे में पति को बता दिया है। पति ने भी बता दी है अपने प्रथम विवाह की दुखभरी कहानी और उस दुख से बचने के लिए कुछ दिनों तक बुरी संगत में पड़कर साक़ी और शराब का सहारा लेने की बातें। लेकिन अब वह सब अतीत की गर्त में हैं।

मैं इस बार प्रभावित हुई। कहा, "वाह, यह तो बड़ी रोचक कहानी मिल गई तुम्हें! यह ज़रूर जमेगी।"

अनूप ने कहा, "पर न जाने क्यों और किसी को मैं तैयार नहीं कर पाया। बड़ी मुश्किल से यह प्रसंग रखते ही कोई मज़ाक़ में उड़ा देता है, तो कोई निहायत ही घिसी-पिटी बातें कहता है; जमुहाई आने लगती है मुझे।"

ख़ुद अनूप ने इस बीच कॉलेज के भौगोलिक परिवेश को अच्छी तरह जानने का मन बनाया था। हम दोनों के एक साथ पार्किंग की जगह से डिपार्टमेंट आते समय अनूप कहता, "मैडम, यहीं कहीं आसपास वह नागेश्वर पेड़ है न? शायद कोई अलग क़िस्म का फूल होता है, मेरे हाथों में ज़रा छुला दीजिए न।"

सीधे रास्ते न जाकर कहता, दाहिने हाथ की ओर छायेदार पगडंडी से चलेंगे। जुलोजी ब्लॉक के मोड़ पर खड़े होकर कहता, "यहाँ बाईं ओर अमलतास का पेड़ है, दाहिनी ओर अगस्ती और जामुन; ठीक बताया न?"

मेरा मोटा शरीर, घुटनों-टखनों में गठिया, तिस पर वह ऊबड़-खाबड़ पगडंडी। मैं कहती, "भैया अनूप, सीधे रास्ते से जाकर ऊपरी मंज़िल तक चढ़ने में मेरा पसीना छूट जाता है। तुम अपनी इस सफ़ेद छड़ी के सहारे अब अपने पेड़-पौधे ख़ुद ही तलाश लो।"

हालाँकि बात यहाँ तक नहीं पहुँचती। अनूप को सफ़ेद छड़ी घुमा-घुमाकर अकेले चलते देखते ही कम-से-कम दो-चार छात्राएँ आगे बढ़ आती हैं, 'सर-सर, प्लीज़-प्लीज़ कह हाथ पकड़ लेती हैं रास्ता बताने के लिए।'

इस बीच शर्मा जी एक बार कॉलेज आए थे, वह योजना कितनी दूर पहुँची जानने के लिए। कोई और होता तो वे अपने घर बुला लेते; अनूप की बात अलग है। हमारा डिपार्टमेंट ऊपरी मंज़िल के पिछले बरामदे के कोने में एक छोटा-सा कमरा है। अभी कुछ ही साल हुए उसकी मरम्मत करके, गन्दी-टूटी कुर्सियाँ, टेबुल सारा निकालकर पाँच-सात लोगों के बैठने लायक़ कमरा बनाया गया है। बैठते ही शर्मा जी ने खिड़की से बाहर देखा। दोनों खिड़कियों से दिखता है नीली झील का विस्तार, इस तट के किनारे-किनारे जल-चिरई, बगुलों का झुंड, उस तट पर घर-बार, सुन्दर पहाड़, पेड़-पौधे। उन्होंने कहा, "अनूप, स्वर्ग-सा एक ऐसा कोना भी है इस परिसर में और तुमने मुझे अभी तक दिखाया ही नहीं था?"

कहने की ज़रूरत नहीं, रोज़ाना यहीं अपने कोने में कम्प्यूटर के पास वह बैठा ज़रूर रहता है, पर खिड़की से दिखनेवाले स्वर्ग की बात अनूप को उतनी मालूम नहीं थी। फिर भी, अपने स्वभाव के अनुरूप उसने तुरन्त जवाब दिया, "मैं क्या जानूँ सर! आप जैसी नज़र यहाँ किसके पास है कि बताए यहाँ का वैभव? आपके चरण इसी तरह पड़ते रहें, हम सबों को भी ऐसा स्वर्ग दिखाई दे।"

अनूप की बातचीत में 'देखना', 'दिखाई देना' आदि शब्द ठीक दूसरों की बातचीत की तरह ही आ जाते हैं।

उसके बाद अनूप ने इस बीच हुई प्रगति की सारी बातें गर्व से बताईं। उससे विवरण सुनते-सुनते शर्मा जी ने मेरी ओर संकेत करते हुए पूछा, "मैडम का साक्षात्कार लिए या नहीं?"

अनूप और मैं दोनों इस बात से असमंजस में पड़ गए। आँखों से न देखे होने पर भी मेरा चेहरा, उम्र और बूढ़े माँ-बाप के चलते मेरी नीरस पृष्ठभूमि से क्या अनूप अनजान है? मैंने कहा, "महोदय! रोग-सन्ताप के बीच खींच-खाँचकर दिन गुज़र रहे हैं। इस दिमाग़ में ढेरों बातें नीचे दबी हुई भले ही हैं, वैसी कहानी जैसी कहाँ कुछ है? हरित वन तक तो मिट्टी के नीचे दबकर एक दिन बिटुमिनस कोयला बन जाता है।"

तिल भर भी हतोत्साहित हुए बिना शर्मा जी बोले, "वाह, क्या बात कही आपने! पर क्या सारा जंगल कोयला हो जाता है, कुछ तो हीरा भी बनता है न? माटी के नीचे दबाव उत्ताप पाकर कुछ लकड़ियाँ हीरा भी तो बन जाती हैं। चलिए छोड़िए, अपनी बात न सही, सिर्फ़ इन कुछ लेखों में तो मदद कीजिए न। आपका मन ख़ुद ही अनुभव के रस से उसे सींचेगा।"

शर्मा जी के चले जाने के बाद मैंने अनूप से सुनकर लिखी कुछ पंक्तियाँ पुनः पढ़ीं। खिड़की से दिखते घिसे-पिटे दृश्य को फिर से देखा।

दो-चार दिनों के भीतर अनूप को दो लोग और मिल गए हमारे ही कॉलेज के। हमारा कहानी-लेखन भी शुरू हो गया। पिछले चौंतीस साल से मैं इस कॉलेज में हूँ। पर मुझे ऐसा कभी नहीं दिखा था, ऐसा अहसास नहीं हुआ था यहाँ। उन तीन कहानियों पर बहुत ज़्यादा मेहनत नहीं करनी पड़ी थी।

शुभांगी। एक विवाहित पुरुष उसका प्रेमी है। शुभांगी ने सोच रखा है कि माँ-बाप जिससे शादी तय करेंगे उससे वह कभी शादी नहीं करेगी। इधर पापा कह चुके हैं कि ज़बरदस्ती शादी करवा देंगे। इसलिए उसने तय किया है कि घर छोड़कर कहीं अनजान जगह के लिए निकल जाएगी।

कहानी दो-तीन बार छनकर मेरे पास पहुँचती है। नायिका बखानती है अनूप के आगे, बातों के साथ उसके हाव-भाव कुछ दिखते तो नहीं थे सच-झूठ की गहराई जानने के लिए। उसकी एकतरफ़ा बातों से अनूप जितना याद रखता वही मेरे आगे कहता, कुछ रसरंग अगर उसके दिमाग़ में आता होगा तो शायद थोड़ा-बहुत रँग देता होगा, कौन जाने। और फिर मेरी प्रतिक्रियाएँ भी अनूप से भिन्न होती हैं।

मैंने पूछा, "घर छोड़कर कहाँ जाएगी वह मूर्ख लड़की; बाप को साफ़-साफ़ मना क्यों नहीं कर देती? वह शादीशुदा आदमी भी ज़रूर बदमाश है। तुम उसे समझाते क्यों नहीं!"

अनूप बोला, "आपने ख़ुद ही तो कहा था कि मेरा काम सिर्फ़ रिपोर्टर का है। किसी की निजी ज़िन्दगी में क्यों हाथ डालूँ?"

"शुभांगी कहाँ जाएगी घर छोड़कर, कुछ सोचा है? ज़रूर जाएगी उस शादीशुदा आदमी के साथ।"

"नहीं-नहीं। यह बात रोमांटिक नहीं जान पड़ती इसीलिए मैंने सोचा था कि कहानी में नहीं मिलाऊँगा। असल में वह किसी आश्रम में चली जाएगी; शायद पत्राचार कर चुकी है। कोई प्रख्यात आध्यात्मिक गुरु राजी हो गए हैं। वह संन्यास ले लेगी।"

मैंने कहा, "तुम पूछो तो सही, वह आश्रम जा रही है या भागेगी उस लोफर के साथ।"

अनूप मुस्कराया। बोला, "उसका कोई चांस नहीं है मैडम। वह आदमी सरकारी कर्मचारी है, बाल-बच्चे हैं; इतना बेवकूफ़ नहीं है वह।"

साँस छोड़ते हुए बोली, "चलो जो भी हो, हमारी कहानी बन जाए। बल्कि नायिका का मानव-सेवा के लिए प्रण करनेवाली बात कहानी को एक सही मोड़ देगी।"

अनूप ने कहा, "जानता हूँ, आप युवापीढ़ी के लिए शिक्षाप्रद उपदेशात्मक प्रेम कहानी लिखने के बारे में सोचने लगी हैं। उसमें प्रेम प्रसंग जमेगा नहीं। बल्कि आगे चलकर हम एक काउंसलिंग सेल कॉलेज में खोलेंगे, जहाँ तक होगा अपनी नायिकाओं को परामर्श भी देंगे। इस वक़्त तो किसी तरह यह लिखने का काम ख़त्म हो जाए।"

कॉलेज में आगामी परीक्षा की तैयारी के लिए छुट्टियाँ चल रही थीं, क्लास नहीं हो रहे थे। हाथ में समय था। अनूप इंटरव्यू की सारी बातें मुझे लिखाता जाता। मैं उसे अपनी बुद्धि और कल्पना मिलाकर लिख देती। ठीक-ठाक करने के लिए शर्मा जी तो हैं ही, चिन्ता कैसी!

डायलॉग भी सुन्दर बन गए हैं। शुभांगी कह रही है, "लोगों का मन रखने के लिए मैं एक अनजान आदमी के पास अपनी देह और मन को गिरवी नहीं रख सकती। और आत्महत्या करके नाहक ही जीवन की बलि चढ़ाने में मेरा विश्वास नहीं है। कुछ नहीं तो सांसारिक जीवन छोड़कर मैं दीन-दुखियारों की सेवा करूँगी।"

कहानी में प्रश्नावली के ज़रिये घुमा-फिराकर बातें निकलवाई जा रही हैं, थोड़ा-बहुत उपदेश देने की कोशिश भी नहीं हो रही ऐसा भी नहीं। प्रश्नकर्ता को विवेकी होना पड़ता है। आख़िरकार नायिका कम उम्र की छात्रा जो है। शुभांगी बता रही है कैसे वह अपने अनजाने एक विवाहित पुरुष को चाह बैठी। अब उसकी समझ में आ गया है कि उसने सही नहीं किया। किसी दूसरी नारी की गृहस्थी में वह आग नहीं लगा सकती।

पर अनूप ने मुझे वास्तविक पात्रों से परिचित नहीं कराया था। कॉलेज के अहाते में हमारे ब्लॉक से साइंस ब्लॉक की ओर जानेवाली पगडंडी में पेड़ों के झुंड के नीचे, झील के किनारे की ओर ढलानवाली पतली पगडंडी के किनारे चट्टान पर बैठी लड़कियों के बीच मैं शुभांगी को तलाशती हूँ। आम के पत्तों के झुरमुट से आ रही कूक की ओर अनमनी-सी देख रही अकेली लड़की से पूछती हूँ, "तुम्हारा नाम क्या है?"

तीसरा प्रसंग था थर्ड इअर में पढ़नेवाली पायल नाम की लड़की का। अनूप की छात्रा है, उसी की कॉलोनी में रहती है, कभी-कभी अनूप के लिए किताब पढ़ने

दोनों बहनें उसके घर जाती हैं। उसने ख़ुद ही न जाने कहाँ से सुना था इस प्रेम कहानी की तलाश के बारे में। एक दिन मौक़ा देखकर उसने ख़ुद ही कहा अनूप से, "सर, आपकी कहानी के लिए मेरे पास भी एक प्रसंग है।" ख़ूबसूरत कम्प्यूटर की छात्रा। बड़े रूढ़िवादी परिवार की भीड़ में रहती है। घर से बाहर अकेले पैर बढ़ा नहीं सकती। फिर भी गहरे प्यार में बीतता था उसका सारा समय। कम्प्यूटर के ज़रिये चल रहा है उसका प्यार। वेब में परिचय, फिर घंटों चैटिंग। प्रेमी से मिलने के लिए अलग से कहीं जाने की ज़रूरत नहीं पड़ती। स्क्रीन पर आँखें गड़ाए बैठी रहती है वह। उसी में पिताजी को दस बार चाय देने या माँ के काम से उठना पड़ता था, भैया-भाभी की नज़र बचानी पड़ती थी। बग़ल वाले बिस्तर से बड़ी बहन उचककर स्क्रीन की ओर झाँकती। परदे के उस पार होता उसका प्रेमी। जल्दी-जल्दी टाइप करना पड़ता है, बार-बार पन्ने बदलकर कम्प्यूटर क्लास का काम करने का बहाना बनाना पड़ता।

मैंने कहा, "वाह! यह तो बेहद रोचक कहानी बनेगी लगता है। पर कब मिलेंगे ये दोनों? और शादी?"

"मिलने, शादी करने की बात अब कहाँ से आ गई? लड़का है मुम्बई में; कुछ पढ़ाई कर रहा है। उसके हॉस्टल के कमरे में कम्प्यूटर है।"

"पर मिलेंगे तो सही? शादी की बात भी उठेगी या नहीं?"

अनूप ने ज़रा सोचा। बोला, "अगली बार मिलूँगा तो पूछूँगा।"

पर जब अगली बार शर्मा जी आए ज़्यादा गपशप करने के मूड में नहीं थे। पत्रिका के नये अंक के प्रकाशन का समय बीतनेवाला था। पहुँचते ही उन्होंने कहा, "सुनो अनूप, जितनी प्रेम कहानियाँ मिल चुकी हैं, काफ़ी हैं। अब लिख-लाखकर मुझे दे दो। मैं ख़ुद उनमें सुधार करके पढ़ने लायक़ बना दूँगा।" फिर मुझे दोष देने जैसे अन्दाज़ में बोलने लगे, "आप भी थोड़ी मदद कर देतीं। थोड़ा लग न जाना चाहिए इस लड़के के साथ!"

तीनों कहानियाँ कई बार संशोधित होने के बाद सुन्दर प्रिंट-आउट निकला था और शर्मा जी ने उन्हें पसन्द भी किया। कुल मिलाकर पूर्णविराम लग चुका था उस बात पर एक तरह से। पर अनूप की ज़िन्दगी से, यहाँ तक कि मेरी दिनचर्या से वे कहानियाँ अलग नहीं हो सकीं। हाथों से दूर हो जाने के बावजूद हमारा पीछा नहीं छोड़ीं। ज़िन्दा रहीं। बढ़ीं-कढ़ीं। बदल गईं। कूदने-फलाँगने लगीं।

हुआ यों। फ़रीदा उस दिन बेहद घबराई-सी हमारे डिपार्टमेंट में आई। हाथवाले बैग से एक मफलर निकालते हुए उसने पूछा, "अनूप कहाँ है? बड़ी परेशानी में पड़ गई हूँ।" उस वक़्त अनूप आ रहा था, उसने खिड़की से ज़रूर फ़रीदा की आवाज़ सुन ली है, लौटकर जाने को था। मेरे कुछ कहने से पहले फ़रीदा ने कहा, "सुनो अनूप, ज़रा सुन लो।" कहते हुए बैठी हुई जगह से एक तरह से कूदते हुए दौड़ गई। जिस व्याकुलता के साथ वह बुला रही थी, मुझे लगा यहाँ कुछ चल रहा है जिसके बारे में मुझे पता नहीं।

यह तो विधिवत एक नाटक चल रहा है। अनूप का हाथ पकड़कर फ़रीदा फरियाद करते हुए कह रही है, "प्लीज़, प्लीज़ अनूप, मुझे बचा लो।"

कमरे से मैंने कहा, "अरे, अन्दर आ जाओ तुम दोनों। स्टूडेंट्स देख लेंगे।"

गनीमत थी कि उस वक़्त बरामदे में कोई नहीं था। आज चपरासी भी नदारद था। फ़रीदा के हाथों एक तरह से खिंचे हुए आते-आते अनूप कह रहा था, "देखिए, मैं तो सिर्फ़ एक रिपोर्टर हूँ यहाँ। आप मुझे निजी तौर पर जोड़ना चाहती हैं।"

मैं घबरा गई। कहीं अनूप इसके साथ प्यार-स्यार का कोई चक्कर तो नहीं चला रहा! रूम में आते ही फ़रीदा ने अपने हैंड-बैग से वही मफलरनुमा कुछ निकालकर प्लीज़-प्लीज़ कहते हुए अनूप के हाथों में पकड़ा दिया और अनूप उसे तुरन्त कोई साँप देख लेने-सा दूर फेंकते हुए लगभग चिल्ला उठा, "क्या है यह?"

फ़रीदा ने उसे फिर से ज़मीन से उठाकर अनूप के हाथ में देते हुए इस बार लगभग रुआँसे गले से कहा, "प्लीज़ अनूप, मुझे बचा लो। हमारे मोहल्ले को, इस शहर को बचा लो। सिर्फ़ इतना कह दो कि यह मफलर तुम्हारा है।"

इस बार मैंने पूछा, "क्यों, बात क्या है?"

फिर मेरे हस्तक्षेप और थोड़े से शोर-शराबे के बाद मुझे पता चला कि वह मफलर फ़रीदा के पुराने प्रेमी का है जो प्रवासी भारतीय है और फ़रीदा से मिलने आता है। इस बार जब आया निहायत नाटकीय रूप से उसके पति के हाथों पकड़े जाने से बाल-बाल बच गया; पर जाते-जाते ग़लती से अपना मफलर छोड़ गया। सफ़ाई में फ़रीदा ने अपने पति से कहा है, वह मफलर अनूप का है। फ़रीदा को विश्वास है कि अगर कोई उसके पति के शक के घेरे से पूर्णतः बाहर हो सकता है तो वह अनूप ही है।

दोनों की खींचातानी में कुछ देर मैं उलझी ज़रूर रही, पर कोई चारा नहीं था अनूप के 'हाँ' करने के सिवाय। रिपोर्टर से सीधे रक्षक का रोल मिल गया बेचारे

को। फ़रीदा की बातों में ज़ोर था। बात गम्भीर थी। खुल गई तो साम्प्रदायिक दंगा नहीं होगा, कौन कह सकता है! जाते-जाते फ़रीदा पर्स से छोटा-सा आईना निकालकर आँसुओं से लिसे काले मस्कारा आई-शैडो आदि अपने गाल से पोंछते हुए मुझसे बोली, "आप अपनी पैनी निगाह से मुझे मत कतरिए। मेरे पति का नवाबी शौक़ शराब और साक़ी अब भी बरकरार है। फिर भी उनके बच्चों को मैं माँ की तरह पालती हूँ, मेरी तनख़्वाह से घर चलता है। भला यह सब अनूप से छुपा है? पर दूसरे रिपोर्टरों की तरह उसे भी सच्ची बातें नहीं, कहानी चाहिए।" फ़रीदा अपने पर्स में आईना-रूमाल रखने के बाद फिर से रुलाई के एक और झोंके के साथ वहाँ से चली गई।

इस नाटक का अन्त हुआ ही है, मैं और अनूप एक-एक चाय लिये हुए इस विमर्श में पड़े हैं कि फ़रीदा के जीवन की असली प्रेम कहानी कौन-सी है, तुरन्त ही अगला नाटक शुरू हो गया।

पायल नाम की एक लड़की आई, अनूप सर को ढूँढ़ते हुए। हाँफते हुए मुश्किल से साँस लेकर बोली, "सर को एक बात कहनी है। एक प्रोब्लेम में पड़ गई हूँ।"

मेरे सामने वह कह नहीं पा रही है। मेरी नज़र को ताड़ लेने की तरह अनूप ने मुझसे कहा, "यह बात आज की नहीं है मैडम। जिसकी क़सम खाने को कहेंगी खाऊँगा, मैंने आपसे कुछ भी नहीं छुपाया है।" उसके बाद उस परेशान लड़की को धीरज बँधाते हुए बोला, "बैठो, यहाँ बैठो और कहो, जो कुछ कहना चाहती हो।"

सामने वाली कुर्सी पर बैठकर सिर झुकाए आँखों और नाक से बहती अविराम जलधारा पोंछते हुए वह लड़की सुनाने लगी अपनी मार्मिक प्रेम कहानी।

जिस मधुर उदात्त प्रेम के बसन्त ने आकर उसके शुष्क जीवन-वन को महका दिया था, पल झपकते वह धुआँ बन गया। आज वह जान चुकी है, कम्प्यूटर-रास सिर्फ़ एक विरोधाभास है। इतनी गहरी आस्था से भरा उसका दिल एक आईने-सा टूटकर चूर-चूर हो गया।

पिछले कुछ दिनों से मुझमें कुतूहल हुई है, कैसी होती होंगी वे चैटिंग! प्रेम-पत्र जैसी या बातचीत जैसी, जो स्क्रीन पर टाइप हो जाती हैं, और छिन में ग़ायब भी कर दी जाती हैं। पर अब किसी तरह आवाज़ मुलायम करते हुए बोली, "चलो ठीक है, अब बताओ क्या हुआ? इतनी सच्चाई तुममें थी, तो फिर वह प्रेमी धोखेबाज़ है ऐसा तुम्हें क्यों लगा?"

इस बार तड़ातड़ कह गई पायल। क्योंकि उसके साथ रोज़ाना प्रेमालाप करने वाला जो व्यक्ति था, वह एक नहीं, दो थे।

उसके बाद हम दोनों चकित श्रोताओं को सिनेमा के टूटे-फूटे संवाद की भाषा में पायल ने सविस्तार अपनी कहानी सुनाई। पहली बार परिचय होते ही विवेक के साथ उसका रिश्ता गहराने लगा था। दोनों मौक़ा पाते ही अपना-अपना कम्प्यूटर खोल लेते थे। वेबसाइट में जाकर ढूँढ़ते एक-दूसरे को और भेंट होते ही फूट पड़ती प्यार की फुहार। कुछ घंटों की जुदाई में ढेर सारी आकुलता इकट्ठी हो जाती प्रेमी को बताने के लिए। धोखा खाने की सम्भावना की बात पायल के सिर में कभी आई ही नहीं।

उधर बीच में विवेक के रूममेट अभय ने मौक़ा देखकर विवेक के नाम से एक-दो पंक्ति प्रेमालाप लिख दिया और फिर विवेक का छद्मरूप ले लिया। यहाँ तक कि उसने विवेक का आई डी कोड भी चुरा लिया। एक दिन विवेक को इसका पता चल गया। दोनों दोस्तों में भयंकर मनमुटाव हुआ, यहाँ तक कि बात हाथापाई तक पहुँच गई।

बात ख़त्म हो जाने पर मैंने पूछा, "चलो ठीक है, पर तुम्हारा इसमें क्या क़सूर? उन दोनों दोस्तों में झगड़ा हो गया, होने दो। तुम्हारे और विवेक के प्यार में क्या दिक़्क़त है?"

पायल ने कहा, "अब मैं कई बातें मिलाकर देख रही हूँ मैडम! मुझे लगता है, विवेक से ज़्यादा चैटिंग असल में अभय ही मुझसे करता था। मैं अब कैसे समझूँ कि मेरा असली प्रेमी कौन है?"

मैंने अनूप की ओर देखा, शायद उसे कोई उत्तर सूझे।

फिर से सिसकियों को सँभालते हुए पायल ने कहा, "मुझे तो लगता है कि कहीं दोनों दोस्त जान-बूझकर मेरे साथ...।"

कुछ देर और वह दृश्य चलने के बाद अनूप बोला, "पायल, तुम कुछ दिनों के लिए कम्प्यूटर का इस्तेमाल बन्द कर दो, समझी। सब अपने आप ठीक हो जाएगा। क़सम खाकर अगले दो महीने तक उससे दूर रहो।"

रुलाई की हिचकी के बीच पायल ने नमस्कार करते हुए कहा, "कोशिश करूँगी सर। आजकल तो मुझे कम्प्यूटर देखते ही डर लगने लगता है...।"

दो दिन बाद मैं और अनूप नाव-घाट पर खड़े थे; इन्तज़ार कर रहे थे शर्मा जी का। छात्राओं के हॉस्टल में एक काव्य-गोष्ठी में उन्हें जाना था। उनकी इच्छा थी

कि झील के रास्ते वे नाव से उस पार जाएँगे। सुबह-सुबह फ़ोन पर मुझे यह भी कहा था कि विशेषांक छप चुका है और सम्पादकीय में उन्होंने मेरे बारे में जो कुछ लिखा है वह फ़ोन पर न बताकर सरप्राइज देने के लिए पत्रिका की पहली प्रति आज वे ख़ुद मुझे देंगे।

मैंने अनूप से पूछा, "शुभांगी की कहानी बदली तो नहीं है न?"

"जी मैडम, वह भी बदल गई है।"

"क्या होता है, संन्यास के बदले शुभांगी अब मुम्बई जा रही है या प्रेमी को छोड़कर माँ-बाप की बात मान जाती है? या प्रेमी अपनी पत्नी को तलाक़ दे देता है?"

अनूप ज़रा इधर-उधर मुँह घुमाकर मन्द-मन्द मुस्कराया। बोला, "यह सब कुछ नहीं हुआ।"

यह कहकर और हँसने लगा, हँसते-हँसते सिर झुका लिया, पूरी तरह लाल पड़ गया। इस बार मेरे मुँह से निकल गया, "समझ गई, इस बार भी तुम नायिका के उद्धारकर्ता बन गए हो, है न?"

अनूप तो कोई भाव छुपा नहीं पाता चेहरे से; खिलखिलाकर हँसते हुए बोला, "नहीं-नहीं, उद्धारकर्ता मत कहिए।"

मेरे गले से निराशा जैसा कोई भाव फूटा होगा, जब मैंने कहा, "इसका मतलब तुम ख़ुद शादी कर रहे हो एक वैसी लड़की से?"

अनूप के चेहरे से वह लाल मुस्कान कहीं खो गई। बोला, "शुभांगी के बारे में आपने जैसी धारणा बनाई होगी, वह वैसी लड़की बिलकुल नहीं है...।"

अनूप का चेहरा मैं एकटक देख रही थी, तब पीछे नाव-घाट के रास्ते से आनेवाले दो लोगों की बातचीत सुनाई दी। शर्मा जी ढलानवाले रास्ते पर जमा-जमाकर पैर रख रहे थे। उनके साथ एक लम्बी साँवली-सी लड़की हल्के पैरों से अनायास ही उतरकर आ रही थी।

अनूप ने कहा, "आज पहली बार मैं कॉलेज-घाट से नाव में उस पार जो जा रहा हूँ, सोचा कि शायद शुचिता भी आए शर्मा जी के साथ। उसी ने तो हॉस्टल में कविता-पाठ का आयोजन रखा है!"

मैंने नहीं कहा कि आज मेरे लिए भी एक नई बात है। घर के पास खुले एक ब्यूटी पार्लर में गई थी मैं। ज़िन्दगी में पहली बार पूरी दीवार में लगे आईनों के सामने घूमनेवाली कुर्सी पर बैठकर कुशल ब्यूटीशियन के हाथों प्रसाधन कराने की

ऐयाशी आज मैंने की है। बल्कि अनूप के कान में आहिस्ता से पूछा, "सच बताओ, यही है न तुम्हारी शुभांगी?"

अनूप ने पहले की तरह मन्द-मन्द मुस्कराते हुए सिर झुका लिया।

उस दिन झील के बीचोबीच पहुँचने पर शर्मा जी ने अपने हाथ का पैकेट खोलकर मुझे दिया; कहा, "पत्रिका का विमोचन आप कीजिए।"

मैंने वह अनूप के हाथों में देते हुए कहा, "नहीं, अनूप और शुचिता के हाथों होना चाहिए यह काम।"

शर्मा जी बड़े जोश के साथ राजी होते हुए बोले, "शुचिता भी तुम्हारी तरह साहित्य प्रेमी है। ठीक ही कह रही हो तुम।"

अनूप अपने स्वभाव सुलभ मुद्रा में उस पैकेट को पहले उलट-पलटकर टटोलता रहा, किसी अजीब-सी दुविधा में पड़ जाने-सा बोला, "लेकिन सर, कुछ बातें आपको बताई नहीं गई हैं। असल में यह काम शायद ठीक सचाई से हो नहीं पाया। क्योंकि हमारे लिखते-लिखते बदल गईं वे कहानियाँ...।"

अब तक लेखक महोदय नाव के लकड़ी के पट्टे पर पैर पसारकर सिर के पिछवाड़े हथेलियाँ उलझाकर नायक-सुलभ पोज़ में झील के उस पार देख रहे थे। फिर अनूप के हाथ पर हाथ रखकर बीच में टोकते हुए कहा, "छोड़ो-छोड़ो, वे सारी बातें जाने दो अनूप; जितना समय तुम मुझे बताने में लगाओगे, उतने में तो वे कहानियाँ और भी काफ़ी दूर निकल गई होंगी। अब इधर देखो, देखो तो ज़रा यह वैभव!

अन्दर की तसवीर

कल की आधी लिखी चिट्ठी पूरी कर लेगी सोचकर अमिता ने अभी एक पंक्ति लिखी ही थी कि दरवाज़े के पास फिर कोई दिखा। नर्स उनके चेहरे की ओर देखते हुए इन्तज़ार कर रही थी उनके प्रश्न का, चेहरे पर मुस्कान थी।

"क्या रेडी है पेशंट?"

नर्स के चेहरे पर इस बार हँसी फूट पड़ी, "मैडम, पहले वह ख़ुद तैयार हो तब न? पति-पत्नी का झगड़ा चल रहा है, ख़त्म होगा तभी न...।"

अमिता ने उसकी हँसी का उत्तर न देकर पेन उठाया, काग़ज़ की ओर देखते हुए बोली, "जाओ, उधर देखो, रेडी करने के बाद मुझे बताना।" नर्स कुछ अनमनी-सी लौट गई, वह और कुछ देर बात करना चाहती थी।

छोटे-से अस्पताल की एकमात्र डॉक्टरनी अमिता, दूसरा डॉक्टर छुट्टी चला जाए तो वही होती वहाँ की एकमात्र डॉक्टर। आसपास की बस्ती और गाँवों के लोग इलाज के लिए आते तो डॉक्टर के पास बीमारी के साथ-साथ अपनी दीन-दुनिया, परिवार की तरह-तरह की समस्याएँ भी लाते। अस्पताल का स्टाफ़ भी समय काटने के लिए ख़ुराक निकाल लेते हैं उसमें से। अमिता उनसे अलग नहीं रही कभी, दो-तीन वर्ष पहले वह जब से यहाँ आई है। सच कहा जाए तो जब नई-नई यहाँ आई थी, वह समझ ही नहीं पाई कि अस्पताल और रोगियों को लेकर समय भी अनायास बीत सकता है। तब तक रोहित से उसका परिचय नहीं हुआ था। अपना असली जीवन, घर-संसार की बातें छोड़कर एक सामयिक स्वयं सम्पूर्ण जीवन बिताया जा सकता है यह उसे मालूम हुआ अचानक, उस समय।

आधा लिखा वाक्य उसने काट दिया। छोड़ो अभी रोहित की बात। पहले चिट्ठी

लिख ली जाए। आज की डाक से निकल जाएगी। हफ़्ते में एक चिट्ठी लिखती है वह प्रदीप्त को, और एक बेटे को। सोच-समझकर लिखना पड़ता है। शुरू-शुरू में जो मन में आता लिख देती थी, "राजा बेटे, मुझे तेरी याद हमेशा आती है। मेरे टेबुल पर तेरा क्रिकेट खेलने वाला फ़ोटो रखा है। अपनी वह नई जेब वाली शर्ट पहनता है या नहीं? मम्मी के बारे में तू सोचता है या नहीं?" प्रदीप्त को ग़ुस्सा आता, "बेटे को मन दुखाने जैसी चिट्ठियाँ क्यों लिखती हो? बेचारा वैसे ही माँ को छोड़कर दूर रह रहा है, उसे ख़ुश करने जैसे दो शब्द नहीं लिख सकती?" पहले प्रदीप्त को वह लिखा करती थी, "तुम बहुत याद आते हो। यहाँ की शाम काटे नहीं कटती। तबादले का कुछ पता किया?" पहले प्रदीप्त उपदेश भरे पत्र लिखा करता था, कुछ दिन सब्र करने को कहता। अब उसकी चिट्ठियाँ अलग तरह की हो गई हैं। प्रदीप्त से कभी-कभार आने वाली चिट्ठियों में, दो-तीन महीनों में एक बार मुलाक़ात होने पर, बातचीत का स्वर बदला-बदला-सा लगता। आजकल अमिता ऐसी शब्द योजना बनाकर लिखती है जिसमें कि प्रत्येक पंक्ति में कोई और निहितार्थ न निकले, कोई प्रश्न या आरोप की गुंजाइश न रहे।

थोड़ी दूर बरामदे में हलचल सुनाई दे रही है। दिन के ग्यारह बजने को हैं। लगता है आज उस औरत का ऑपरेशन नहीं हो सकेगा। ठीक ऑपरेशन तो नहीं, एबॉर्शन, गर्भपात। छोटी-सी बात, आधे घंटे में मामला ख़त्म हो जाता। पर दो दिनों से तमाशा लगा रखा है पति-पत्नी ने। अमिता उन्हें बता चुकी है, सामान्य गर्भपात करने का समय बीत चुका है। अब और देर करने का मतलब है माँ की सेहत पर ख़तरा। दरअसल तीन महीने के बाद गर्भपात कराना मना है। किन्तु अमिता जानती है, कभी-कभी कुछ कारणों से परिवार की सुख-शान्ति के लिए हो या लड़की की जान बचाने के लिए, नियम तोड़ने पड़ते हैं सभी विवेकशील डॉक्टरों को—यहाँ तक कि अभिभावकों को राजी करने, अन्तिम निर्णय लेने की ज़िम्मेदारी भी ख़ुद ही को लेनी पड़ती है।

इस तरह की सारी घटनाएँ भी पहले वह विस्तार से लिखा करती थी प्रदीप्त को। आजकल नहीं लिखती। लिखने बैठने पर भी चिट्ठी आगे नहीं बढ़ती, आधी रह जाती है बात। क्योंकि वह जानती है, उसकी बात पूरी तरह नहीं पहुँचेगी प्रदीप्त तक। जितनी पहुँची वह कुछ घटनाओं के आधे-अधूरे ब्योरे भर होंगे, जैसी घटनाएँ अख़बारों में भी ख़ूब पढ़ता होगा प्रदीप्त।

तीन साल पहले होता तो वह आज की चिट्ठी में लिखती, "जानते हो, मेरे हाथ में एक इंटरेस्टिंग केस आया है, एक आदिवासी औरत के चौथा गर्भ है, पति कहता है, उसका बच्चा नहीं है, पत्नी गर्भपात कराने को मना कर रही है, इधर उसका वक़्त भी कुछ निकल गया है...।"

यह बात ठीक-ठीक प्रदीप्त तक पहुँची या नहीं उसकी परवाह नहीं होती उस समय। पर, आज सोचती है, क्या प्रदीप्त समझ जाएगा उस चिट्ठी से कि अमिता के जीवन में किस तरह, किस हद तक प्रवेश कर चुकी है यह घटना? किस तरह कई सुबहें क्रमश: साँझ होने के बाद और रातें सुबह होने के बाद एक दिन वह साँझ आती है, दरवाज़े पर दस्तक होती है और घटना आ खड़ी हो जाती है अमिता के जीवन में। बाहर से खिला चेहरा लिये नौकरानी लड़की दौड़कर आती है, कहती है, "बाईसा'ब जी, वे दोनों फिर आ गए।" साँय-साँय करता सूना घर एकाएक भर जाता है उस लड़की की खिखियाती हँसी से, जिसने पिछले कुछ दिनों से रट लगा रखी थी गाँव जाने की। अँधेरी रात में ढोल-बाजा गीत सुनकर अपने गाँव भाग जाती वह कई बार, फिर बाप के हाथों कान खिंचवाते हुए लौट आती है। तब अमिता ने रेडियो का वॉल्यूम कम करते हुए पुकारा, "कौन लोग?" दस-ग्यारह वर्ष की लड़की अपनी हथेली से हँसी रोकते हुए बोली, "वही मर्द और औरत दोनों, जो आज दोपहर में आकर लौट गए थे, मैंने कहा तो था।" अमिता उस लड़की से कहलवा सकती थी कि कल अस्पताल में आएँ, इतनी रात गए मैं पेशंट नहीं देखती, पर वह ख़ुद उठकर बाहर चली जाती है उस घटना की अगवानी करने।

जीवन्त-नाटक का एक दृश्य। पुरुष कहता है, वह 'ऑपरेशन' करा चुका है, उसकी पत्नी के पेट में बच्चा आया कहाँ से? पत्नी कहती है, उसका कोई दोष नहीं, 'ऑपरेशन' फ़ेल हो गया होगा, ऐसा होता ही है। अब वह आदमी डॉक्टरनी को भूलकर पत्नी की ओर हाथ उठाते हुए धमकाता है, "हमारे गाँव में इतने लोगों ने ऑपरेशन कराया था, किसी का फ़ेल नहीं हुआ, स्साली, सिर्फ़ मेरा ही?"

अमिता ने दोनों को शान्त कराते हुए कहा, "तुम लोग आज जाओ। ऑपरेशन ठीक हुआ है या नहीं, जाँच करने से मालूम होगा। कल अस्पताल में आना।"

तब तक उन दोनों के जीवन का कुछ हिस्सा अमिता के घर-दुआर के भीतर तक बह आया था। तभी उसे ध्यान आया कि इस हफ़्ते प्रदीप्त की अब तक चिट्ठी नहीं लिखी जा सकी है। शायद इस मूड में लिख जाए, अनायास ही,

जिसे पढ़कर प्रदीप्त पहले की तरह नहीं कह सकता, "यह चिट्ठी है या मौसम की जानकारी?"

अपनी चिट्ठी में और अमिता के साथ होने पर अपनी बातचीत में प्रदीप्त का अपना पूरा संसार हुआ करता है। उस संसार में उसकी वकालत, माँ-बाप, बेटा, घर-सम्पत्ति, पूरे शहर में फैले अनगिनत दोस्त-यार, नाते-रिश्तेदार होते हैं, पत्र-पत्रिकाएँ, राजनीति, टीवी, गीत-संगीत आदि सब होते हैं। और उसके संसार का हर वक़्त एक हिस्सा बनी रहती है उसकी पत्नी अमिता, जो कि अभी कुछ दिनों के लिए परिवार से दूर है। अमिता धीरे-धीरे समझ गई है कि यहाँ उसके बीत रहे दिन और अब तक अपने-आप बन चुके एक सामयिक संसार का कोई अस्तित्व प्रदीप्त के जीवन में नहीं है। और अमिता यह सोचकर भी कभी-कभी उलझन में पड़ जाती है कि वाक़ई उसने कितनी रिक्तता छोड़ रखी है प्रदीप्त के जीवन में?

दो-तीन साल पहले प्रदीप्त चिट्ठी में लिखा करता था, "तुम्हारी याद आती है, सोने वाला कमरा काटने को दौड़ता है रात में।" या "तुम्हारे लगाए नीबू के पौधे में फल आ गए हैं। कल घोष बाबू के घर भोज था, सभी पूछ रहे थे तुम्हें।" उस समय प्रदीप्त के पास होने पर अमिता अच्छी तरह खप जाती उस संसार में। यहाँ उसके दिन, उनकी छोटी-छोटी समस्याएँ, बिना किसी घटना के बीत रहा समय एक साथ ग़ायब हो जाते, टीवी के पर्दे से लोग-बाग ग़ायब हो जाने की तरह। पर, फिर से इस दूर-दराज के क़स्बाई अस्पताल के अहाते में दिन, हफ़्ते, महीने बिताते समय अमिता को यह जानने की इच्छा होती, प्रदीप्त के परिपूर्ण जीवन में उसकी अथवा उसकी अन्य किन बातों की कितनी ज़रूरत है, और यह भी जानने की इच्छा होती कि अमिता के जीवन के प्रयोजन के बारे में प्रदीप्त के मन में कभी कोई ख़याल आता भी है या नहीं। ज़्यादा परेशान होने पर प्रदीप्त कहता, "कुछ ही दिनों की तो बात है। तबादला तो होगा ही, इतनी परेशान क्यों हो? हम सभी तो हैं तुम्हारे—मैं हूँ, पप्पू है। तुम्हारी नौकरी, अलग पहचान, क्या नहीं है तुम्हारे पास?"

सबकुछ होते हुए, सबके होने के बावजूद एक व्यक्ति और आता है, एक अवांछित अतिथि, रोहित। और दीवार खड़ी कर जाता है अमिता और उसके संसार के बीच। एक ऐसी दीवार जो एक दिन रोहित के ख़ुद निकलकर चले जाने के बाद भी चूने से जुड़ी पत्थर की दीवार-सी दिन-प्रतिदिन पक्की होती चली जाती है। वे दोनों एक-दूसरे को न देख सकने जैसी सुदूर जगहों पर हों या कुछ न सूझने जैसे

अँधेरे में, पग-पग पर दोनों के बीच आकर खड़ी हो जाती है वह दीवार। यहाँ तक कि एक चिट्ठी भी आगे नहीं बढ़ती।

अस्पताल में आउटडोर रोगी अब और नहीं आएँगे। बारह बजे डाक जाएगी। बारह बजे उसकी ड्यूटी का समय भी ख़त्म हो जाएगा। फिर रह जाएगा कल के लिए अधूरा काम।

पिअन किशन चाय लेकर आया। उसके चेहरे पर दबी-दबी मुस्कान थी, शायद कुछ कहने की इच्छा। कप उठाते हुए अमिता ने पूछा, "क्या हुआ, कुछ तय हुआ उस पेशंट का?"

अपने प्रौढ़ चेहरे पर सिकुड़न उभारकर दाँत निपोरते हुए किशन ने जवाब दिया, "नहीं मैडम, चल रहा है उनका झगड़ा। सुनिए न, यहाँ तक आ तो रही है उनकी आवाज़।"

"कहो उनसे, आज चले जाएँ। घर पर अपना झगड़ा-झंझट पूरा करके जो कुछ करना है तय करके आएँ।"

किशन ने हथेलियाँ मलीं बख़्शीश पाए होने की तरह, और चला गया परम उत्साह से।

दो दिन हो गए उनका फ़ैसला नहीं हो पा रहा। पहले ही दिन अमिता ने साफ़-साफ़ कह दिया था, "यह सब तय करना डॉक्टर का काम नहीं है। अपने घर का झगड़ा तुम लोग ख़ुद निपटाओ। जाँच से सिर्फ़ ऑपरेशन की ही बात का पता चलेगा।" पर अगले दिन जब उस आदमी को पता चला कि दूसरे डॉक्टर पटेल लम्बी छुट्टी पर गए हैं, उसने जाँच के लिए भी मना कर दिया क्योंकि उसका मानना था कि कोई भी डॉक्टरनी पुरुषों की जाँच के बारे में निर्णय नहीं ले सकती। उसने ख़ुद ही तय किया, "बाई जी, आप उसका पेट धो दो। निकालकर साफ़ कर दो वह बच्चा।" इधर उसकी पत्नी ने चीख़ना-चिल्लाना शुरू कर दिया, "मैं कतई नहीं धुलवाऊँगी पेट।" उसने सुन रखा था कि इसी तरह पेट धुलाई में कोई लड़की मर गई थी। फिर अस्पताल के स्टाफ़ के फुसलाने, चहटाने पर, दोनों एक-दूसरे पर छींटा-कसी करते हुए मर्द को किस पर शक था, क्यों जाँच वग़ैरह सब झूठ है, तथा औरत की ओर से, क्यों आदमी उसे पेट धोने के बहाने मार डालना चाहता है, यह सब बातें मालूम हो गईं। अमिता के मन में आया कि यह भी चिट्ठी में लिख देती—इतनी रोचक भाषा में उन दोनों ने एक-दूसरे पर आरोप

लगाए कि टीवी-सिनेमा देखने में अनभ्यस्त वहाँ के कर्मचारी और कई रोगियों ने बाक़ी के सारे काम भूलकर दो घंटे तक उन्हें समझाने-बुझाने, छी-छी करने और धमकाने-चौंकाने में बिता दिए।

अन्त में अमिता ने कड़ी आवाज़ में कहा, "तुम दोनों जाओ तो यहाँ से। चलो निकलो। जो करना हो, तय करके कल सुबह आओ अस्पताल। मैं देखूँगी। माँ के जीवन को ख़तरा जानकर कोई डॉक्टर एबॉर्शन करता है भला? क्या मुझे अपनी नौकरी का डर नहीं। जाओ तुम लोग यहाँ से।"

किन्तु आज सुबह फिर जस का तस। इधर औरत कहती है, बच्चा उसके पेट में हिलने-डुलने लगा है, जान-बूझकर वह जीव-हत्या क्यों करे? और फिर उसमें यदि अपनी ही जान चली जाए तो उसके बच्चे को पालेगा कौन? वह जान गई है कि उसकी सौत लाने के लिए उसके पति का यह सब ढोंग है। इस पर वह आदमी हाथ उठाकर मारने को उतारू हो जाता है, दूसरे दो लोगों के उसे पकड़ लेने पर भी वह चीख़ रहा है, पेट का बच्चा बचाने से वह पत्नी को घर में रखना तो छोड़ो, वापसी के रास्ते में ही उसे काटकर धर देगा, कहता है। वह औरत दहाड़े मार-मारकर पति को कोस रही है।

इसके बाद उन दोनों को नर्स-पिअन के ज़िम्मे छोड़कर अमिता अपने कमरे में लौट आई। दो दिनों से आधी पढ़ी चिट्ठी खोली।

कल शाम अपने छोटे-से क्वार्टर के बरामदे में बैठकर उसने प्रदीप्त की पिछली कई चिट्ठियाँ खोलकर पढ़ीं, मानो उनमें सहसा कहीं मिल जाएगी प्रदीप्त को अपनी बात पहुँचाने की कुंजी। सारी चिट्ठियों में प्रदीप्त का एक अदृश्य प्रश्न मँडराता रहता है। रोहित कौन था तुम्हारे जीवन में? कितने क़रीब आया था तुम्हारे? ठीक कितने? आमने-सामने हों तो भी वही सवाल। पहले कुछ दिनों तक तो ज़ोर-ज़ोर चिल्लाकर टेबुल-दीवार ठोंकते हुए पूछा करता था प्रदीप्त, आजकल वह प्रश्न मँडरा रहा था एक अदृश्य दीवार बन। कुछ दिनों तक तो बड़े सहमते हुए उत्तर दिया था अमिता ने, "ऐसा कुछ नहीं था, तुम ग़लत समझ रहे हो।" आँसुओं, सिसकियों और अपमान से रुद्ध वह कहती, "ऐसे प्रश्नों का भला मैं क्या उत्तर दूँ?" और अन्त में न प्रश्न पूछे गए, और न ही उत्तर की चर्चा हुई।

अमिता छुट्टी लेकर घर जाती तो सामान्य जीवन लौट आने-सा लगता दिन भर अपने परिवार व मित्र-परिजनों के बीच। पर जब दोनों अकेले होते उन दोनों के बीच

कहने को कोई बात नहीं होती थी। कई बार ऐसे असह्य क्षण आते, अमिता अपने होंठ खोलती कुछ कहने के लिए, कह नहीं पाती। समझ नहीं पाती क्या कहे। प्रदीप्त जिस सच की उम्मीद करता है, वह कह दे, तो परिणाम कुछ का कुछ हो सकता है। यह जानते हुए भी भला वह कैसे कह दे। और फिर ऐसा कौन-सा नितान्त सच वह कह दे प्रदीप्त से? कि रोहित आया था मेरे जीवन में, कुछ समय के लिए। पर, अब तो वह है नहीं। प्रदीप्त जहाँ था, वहीं है उसके जीवन में? वह क्यों इतनी बड़ी क़ीमत चुकाए रोहित की कुछ समय की उपस्थिति के लिए? उस उपस्थिति अथवा अनुपस्थिति की बात जान लेने से किसे क्या मिल जाएगा? कैसा सच जानना चाहता है प्रदीप्त। कुछ दो-टूक बातें, कुछ तथ्य, जिसे वह असली बात समझता है। अमिता के मुँह से यह स्वीकारोक्ति सुनना चाहता है कि रोहित के साथ वह समय बिताया करती थी—इतना-इतना समय, इतनी घनिष्ठता में। घड़ी की सुई में कितना समय, प्रदीप्त की समझ में आ जाए ऐसे किस शब्दकोश की भाषा में कितने अनुपात की घनिष्ठता।

कौन है रोहित? किस तरह उसने क़दम रखा था उसके जीवन में, प्रदीप्त कभी नहीं समझ पाएगा। जिस तरह वह नहीं समझ सकता कि किस तरह साँय-साँय करती दुपहरियों में, अस्पताल के बरामदे से नीचे उतरकर धूल भरी सड़क पर जब अमिता पैर रखती है, उस समय अहाते के अन्दर जंगल की ओर की ठंडी हवा सूखे पत्ते, आम के बौर उड़ा लाया करती है और थके पाँवों से किस तरह चलते हुए अमिता अपने सुनसान क्वार्टर का ताला खोलती है। जिस तरह प्रदीप्त कभी समझ नहीं सकता अमिता का शाम को अपने आँगन में बैठकर सामने आकाश को अगोरे हुए काले पहाड़ की ओर देखते रहने की बात, रात को तकिये में मुँह दबाए रोने की बात, डाकिए के इन्तज़ार में दिन-दिन बिताने की बात, और फिर चिट्ठी आने पर उसमें उसकी ग़ैर-मौजूदगी में आराम से चल रहे गृहस्थी का मानचित्र देख लम्बी साँसें लेने की बात। अकारण ही बूँद-बूँद हो अनन्त समय व्यर्थ बहते चले जाने की बात, साथ ही अमिता की छाती में अब भी युग-युग के लिए ख़ाली पड़ी बंजर ज़मीन की बात।

पिअन किशन कब से आकर बेसिन के पास साफ़ तौलिया, साबुन रख रहा है, रोज़ की तरह देरी के लिए कुछ बहाना बता रहा है। फिर से ताक़ की दवाइयाँ सजा रहा है बात करने के बहाने, और कहता है, "इन लोगों के पर्व-त्योहार के समय ऐसा ही होता है, मैडम। दारू पीते हैं, क्या कुछ होश रहता है। त्योहार में

सब चलता है। आप जैसे बाबू साहबों की तरह कमरे पर कमरे लगे पक्के मकान उनके होते हैं, न सड़क-बाज़ार होता है वहाँ, न बिजली-बत्ती। जंगल-पहाड़ों के बीच अँधेरी झोंपड़ियों में रहने वाले लोग हैं, कभी-कभी होश-नशे में कुछ भूल-भटक हो जाती है, कोई उतनी बड़ी बात नहीं मानता उसे।"

अमिता को लगा वह उसे कुछ समझाने की कोशिश कर रहा है अपने लोगों के बारे में। उसने पूछा, "तो फिर उन दोनों में इतना झगड़ा-झाँसा क्यों हो रहा है? ख़त्म हो जाना चाहिए।"

उसकी बात न सुनने-सा दवाई की शीशियों पर नज़र टिकाए किशन ने कहा, "अब जाकर न इतनी सारी बातें होने लगी हैं, नसबन्दी ऑपरेशन आया, आदमी समझ गया कि इस मर्द से अब बच्चा नहीं होगा। अब उधर उसकी बीवी को बच्चा हो तो कौन ज़िम्मेवार है, आप ही बताइए?"

अमिता को चौंकाते हुए पीछे से नर्स खिखियाती हुई हँस पड़ी। अमिता भी कुछ मुस्कराई। किशन ने उत्साहित होते हुए भाषण दिया, "हमारे बचपन के दिनों की बात होती मैडम तो मर्द अपनी औरत का झोंटा पकड़ लेता, अगर सचमुच उसकी नज़र में कोई दूसरा मर्द पड़ जाता।" कुछ हिचकते हुए वह रुका, फिर साहस बटोरते हुए बोला, "औरत दो-चार लात-घूँसे खाती अपने मर्द से, उसके बाद पास-पड़ोसी आकर समझा-बुझा देते, बात ख़त्म हो जाती। अब मैडम जी, इस आदमी के औरत के पेट में बच्चा ठहर जाने पर चाहे जितना रोये-बिलखे, वह बेचारा कैसे मान ले, बताइए न?"

नर्स हँसती रही। अमिता ने कुछ काग़ज़ात पलटते हुए अपनी हँसी रोकी। हँसी की परवाह न करते हुए इस बार कुछ हिम्मत कर अपनी आवाज़ बढ़ाते हुए किशन कहता चला गया—"पहले बूढ़े लोग कहा करते थे, औरत तो माटी होती है। खेत में हम जिसका बीज डालते हैं उसी का पौधा उगता है, इसका मतलब कोई दूसरा पौधा भी नहीं उग सकेगा, कौन कह सकता है? और यदि उग भी आया तो क्या कोई अपनी माटी को छोड़कर भाग जाता है?"

इस बार नर्स हँसते-हँसते बेहाल हो गई। न जाने क्या सोचकर किशन ने अपनी बात की मनोरंजक दिशा भी स्वीकारी और मुस्कराया। अमिता ने उसकी हँसी रुकने का इन्तज़ार किया, फिर बोली, "चलो, ठीक है। यहाँ भाषण न देकर तुम उन्हें जाकर समझाते क्यों नहीं?"

किशन ने दोनों हाथ हिलाए 'और—कोई—उपाय नहीं' की मुद्रा में। नर्स ने कहा, "एम.टी.पी. कर डालिए मैडम, सारा झमेला ख़त्म हो जाएगा। बच्चा पैदा न होने तक ये लोग ठीक-ठाक हिसाब रखना कहाँ जानते हैं? आप देखिएगा, दो महीने के बाद ये लोग ख़ुद ही सब कुछ भूल गए होंगे।"

किशन टेबुल से कप-प्लेट उठाते हुए गम्भीर सलाहकार की तरह बोला, "यदि वह निहायत ही तैयार नहीं हो रही है मैडम जी, या फिर समय निकल गया हो तो आप कह दीजिए कि ऑपरेशन फ़ेल हो गया है। पटेल डॉक्टर आ जाएँ तो उस आदमी की एक झूठी जाँच रिपोर्ट बनवा दें बस।"

अमिता ने भौंहें सिकोड़ीं, "कैसी अजीब बातें करते हो। झूठी टेस्ट रिपोर्ट देकर भला कोई क्यों रिस्क लेगा?"

इतने में नाटक के नये दृश्य की तरह दरवाज़े के पास दिखाई दी ख़ुद वह औरत। उसके पीछे कुछ और लोग। सभी चुप। आँखें पोंछते हुए उस औरत ने कहा, अब वह तैयार है, पेट को धो दिया जाए। पास ही उसका पति खड़ा था।

उस दबे-दबे से सनसनी भरे माहौल में अमिता ने घड़ी देखी। और पन्द्रह मिनट हैं बारह बजने में। नर्स से धीरे से पूछा, "क्या कहती हो, आज ही करें या टाल दें कल के लिए?"

हँसोड़ नर्स ने इस बार उदास चेहरे से कहा, "कर डालिए मैडम, झमेला ख़त्म हो बेचारों का। कल फिर क्या होगा, कौन जाने?"

नर्स के साथ-साथ सभी चले गए। ऑपरेशन टेबुल पर पेशंट को रेडी कर लेने पर अमिता जाएगी। काग़ज़ात समेटते समय उसकी नज़र पिअन के भूल से टेबुल पर छोड़े एंटासिड की शीशी पर पड़ी। प्रदीप्त याद आया। फिर एक बार पर्स से वह चिट्ठी खोलकर अमिता ने जल्दी-जल्दी लिखा, "याद आ गया, आजकल तुम्हें एसिडिटी होती है या नहीं? सुबह ख़ाली पेट चाय तो नहीं पीते? बहुत दिन हो गए तुम लोगों को देखे। डॉक्टर पटेल लौट आएँ, कुछ दिनों की छुट्टी लेकर आऊँगी।" और दो लाइनें लिखने के बाद चिट्ठी पूरी करके वह उठी।

ऑपरेशन थिएटर के बाहर वह आदमी ख़ामोश खड़ा था। अमिता दरवाज़ा खोलकर अन्दर जा ही रही थी कि एकाएक क़रीब आकर उसने हाथ जोड़े, घबराया हुआ-सा बोला, "माँ जी, एक बात पूछना चाहता था।"

"जल्दी पूछो।"

"माँ जी, क्या वह मर भी सकती है?"

"क्या अजीब बात है। मरेगी क्यों?"

"अगर मर गई? मान लीजिए, मर गई तो? आप वादा करती हैं कि वह नहीं मरेगी?"

"यह क्या नया तमाशा है? मैं क्यों वादा करूँ? आमतौर पर कोई मरता नहीं इसमें। इसका मतलब यह तो नहीं कि मैं भगवान हूँ।"

हाथ के इशारे से उसे किनारे हटाकर अन्दर जाते समय दरवाज़े पर हाथ रखकर लगभग रास्ता रोक लिया उस आदमी ने, हाथ जोड़े।

"माँ जी, सिर्फ़ एक बात बता दीजिए। क्या वह बच्चा मेरा ही है?"

"इस बारे में मैं कुछ नहीं कह सकती।"

"बता दीजिए न, माँ जी। कुछ भी हो बता दीजिए। आप एक बार बोल दें कि वह बच्चा मेरा है, और कुछ नहीं चाहिए।"

अमिता ने दाँत भींचकर उसकी ओर ग़ुस्से से देखा, "देखो यह तुम्हारी समस्या है। मुझे परेशान मत करो। जाने दो।"

ऑपरेशन टेबुल पर अचेत पड़ी है वह औरत। तैयार होकर अमिता काम शुरू करने ही वाली थी, दरवाज़ा धड़धड़ हुआ। धाई ने कहा, "मैडम, इसका मर्द है।"

"उसे भगाओ यहाँ से। बुलाओ चपरासी को।"

दरवाज़े ज़ोर-ज़ोर से धड़धड़ हुए। मजबूरन हाथ से ग्लब्स उतारकर दरवाज़े के पास गई अमिता।

"क्या चाहते हो तुम?"

"माँ जी, उसे छोड़ दीजिए। छोड़ दीजिए बेचारी को।"

"क्या मतलब?"

"मैं उसे माफ़ कर देता हूँ। इस बार के लिए।"

"मैं समझी नहीं। उसकी पेट धुलाई नहीं होगी, क्या यह कह रहे हो?"

"नहीं माँ जी, रहने दीजिए बच्चे को। पैदा होने दीजिए। इस बार मैंने उसे माफ़ कर दिया।"

अमिता उसके चेहरे की ओर ताकती रह गई ठगी-ठगी-सी। फिर पूछा, "बच्चा पैदा होगा तो तुम उसे रखोगे, पालोगे, यही कह रहे हो न?"

"बच्चा तो माँ जी, भगवान का है। जिसका पाप होगा वह भोगेगा। क़समें तो उसने खाई हैं, आपने देखा।"

कुछ देर बाद घर लौटते समय रास्ते में उसी बरामदे से होकर जाते वक़्त अमिता ने देखा वह आदमी बैठा है ट्राली के पास, घरवाली के उठने तक इन्तज़ार कर रहा है। नशा पूरी तरह छँटने के बाद कई कोस पैदल चलकर दूर गाँव लौटना होगा उन्हें। अमिता कुछ रुकी, वह औरत निश्चिन्त सो रही है। जब वह उठेगी ज़रूर एक और दृश्य अभिनीत होगा दोनों के बीच, कौन जाने सहज समझौते का, या कुंठित आत्मत्याग और कृतार्थ भाव का।

उस आदमी ने नाहक ही अमिता को हाथ जोड़े गद्गद भाव से; मानो उसने उसकी समस्या का समाधान कर दिया है। अमिता ने पूछा, "अगर तुम्हें ख़ुद को कुछ ठीक से मालूम नहीं था, बेवजह क्यों पड़े थे बेचारी के पीछे, सिर्फ़ शक़ की बिनाह पर?"

वह आदमी गम्भीर हो गया, बोला, "मुझे दोष मत दीजिए माँ जी। क्या इसे आपने कम समझ रखा है? पर मैंने सोचा, मर्द आख़िर मालिक ही होता है। उसे एकाध बार भूल-चूक माफ़ कर देनी चाहिए, है कि नहीं?"

अमिता ने देखा आत्म-सम्मान से भरे उस चेहरे को। बरामदे से नीचे पैर बढ़ाते समय उसे ख़याल आया, गर्मियाँ आने में अब ज़्यादा दिन नहीं हैं। हवा तेज़ है, सूखे पत्ते और बौर कणों से भरी जंगली हवा। अहाते के भीतर पतझड़ में नंगे हुए महुवे के पेड़ की छोटी-छोटी ठूँठी फुनगियों पर उग आई हैं आकाश की ओर मुँह किए सैकड़ों मटमैली कलियाँ। पिछले साल इन्हीं दिनों रोहित आया था। ऐसे ही एक दिन थके पैरों से घर लौटकर दरवाज़ा बन्द करते ही बाहर से खटखटाने की आवाज़ सुन उसने दरवाज़ा खोला था। शायद कुछ माँगने आया था रोहित, कोई किताब? याद नहीं।

कुछ याद है, कुछ नहीं, क्या कुछ बातें की थीं उन दोनों ने, उस दिन और उसके बाद के दिनों में। अस्पताल के भीड़-भड़क्के में भी अकेले वे दोनों और फिर बाहर की धूल-आँधी बवंडर को बाहर ही छोड़ दरवाज़ा बन्द करके घर में। किस तरह एक-एक कर डग बढ़ाते हुए आगे चले आए थे, और भी आगे बढ़ते हुए

क़दम रखा था एक-दूसरे की भीतरी दुनिया में। किस तरह ख़ुद से अनजान उसके अन्दर की कोठरियाँ एक-एक करके खुल गई थीं। जहाँ घुटन आदत-सी बन चुकी थी, उस अधमुँदे गुफानुमे घर के भीतर अचानक जंगलों से आती हवा की महक फैल गई थी। याद है अब तक।

रोहित का तबादला हो गया। वह भी अपना परिवार शहर में छोड़कर आया था। जिस दिन से यहाँ आया था तभी से रोहित के ससुर कोशिश में थे उस वीरान पोस्टिंग से उसका तबादला कराने के लिए। अमिता भी तो जब से आई है अपने तबादले के लिए आस लगाए बैठी है। जाते समय दोनों ने एक-दूसरे की आँखों में देखा था अलग न होने की अकुलाहट, बाँधे रखने की एक दुरूह इच्छा। फिर भी उसी क्षण दोनों तैयार हो गए थे अलग होने को, एक-दूसरे को जाने देने को।

दोनों जानते थे, अपने-अपने अन्दर एक जगह होगी तमाम तसवीरों से सजी, कोई देखेगा नहीं उसे कभी।

अब दो फर्लांग रास्ता सधे पैरों से चलकर अमिता जाएगी आने वाली गर्मियों की सारी नई सम्पदाओं को देखते हुए। फिर ताला खोलेगी, उसकी राह तकने वाले ख़ाली क्वार्टर का। या फिर छुट्टी लेकर घर चली जाएगी। शायद उसका तबादला सचमुच ही न हो जाए, प्रदीप्त करवा देगा तबादला। इस तरह वह रहेगी अपने क्वार्टर की सामयिक संसार में या अपने घर में, जहाँ प्रदीप्त होगा, पप्पू होगा, उसका सजा-सँवरा घर होगा, बन्धु-परिजन होंगे। और हर वक़्त उसके अन्दर होगी एक सुनसान पृथ्वी, जहाँ वह सो सकती है, जग सकती है, और इच्छा हुई तो ला सकती है बाहर से हवा का एक तेज़ झोंका पेड़-पौधों को झकझोर डालने। खिड़की के बाहर अकेली बैठी चिड़िया को बुलाकर अपने अन्दर के आकाश में उड़ा सकती है, या अपनी दुनिया का मेहमान बनाकर ला सकती है हाथ में खुले उपन्यास के किसी पात्र को।

लाल रेलगाड़ी

टेबुल क्लॉथ और फूलदान से सजे टेबुल पर बोतल, गिलास सब रखे जा चुके थे, एक प्लेट में रखा जा चुका है मिक्चर, दूसरे में गाजर, ककड़ी सलाद। बातचीत का दौर भी जमने लगा था, पर सबकी नज़रें टेबुल पर थीं। मोहन के लिए अब रुक पाना मुश्किल था, उसने पूछा, "क्या बात है, किसी का इन्तज़ार हो रहा है?"

सबने एक-दूसरे की ओर देखा। अमित राय ने आख़िरी बात सुना देने-सा कहा, "जया जो नहीं आई है।"

अमित राय के घर पर ही आज का आयोजन हुआ था। यहाँ के संस्थान में रहने वाले विद्वान मंडली में सबसे बड़े होने के कारण अमित राय को एक स्वाभाविक सम्मान मिलता है। सीधे डग बढ़ाने के साथ बेंत घुमा-घुमाकर चलना भी उनके अन्दाज़ का एक अलग परिचय है। इसलिए उनकी बात पर किसी ने कुछ भी नहीं कहा।

तो ये बात है। गोल टेबुल को घेरकर बैठे चार-पाँच पुरुषों की निगाहें भले ही बोतल पर थीं, मन कहीं-न-कहीं अन्दर से जुड़ा था जया से ज़रूर। वहाँ बैठी एकमात्र नारी बबिता कमोबेश समझ चुकी थी बात, इसलिए उसने कहा, "तुम सब जया की राह देखो। पर मैं इन्तज़ार करूँगी साढ़े सात बजे का। मेरे लिए पीने का वक़्त है सेवेन थर्टी। इससे पहले पीने का मूड नहीं बनता। यानी थर्स्ट।"

अमित बोले, "हम सभी का थर्स्ट आएगा जया को देखने पर ही।"

अलग-अलग उम्र के पुरुष हँस पड़े। बबिता न तो हँसी न ही अमित की बात का बुरा माना। कई साल पहले वे रिटायर हुए हैं किसी संस्था के डायरेक्टर या

कुलपति के पद से, अब यहाँ आकर लाइब्रेरी की किताबों की ढेरियों के बीच दिन काट रहे हैं, इतिहास की एक किताब लिख रहे हैं।

बबिता ने उन्हें जवाब दिया, "अपनी बात छोड़िए जी, बाक़ी के लोग कब तक इन्तज़ार करेंगे देखते हैं।"

अमित उसके पास जाकर उससे सटकर बैठ गए, बोले, "अगर तुम ख़ुद मेरा गिलास बना दो तो बात अलग है।" मोहन ने ज़ोर से कहा, "सर, होशियार। बबिता जी यहाँ की वरिष्ठतम फ़ेमिनिस्ट हैं, जानते हैं ना?"

अमित ने बबिता की पीठ पर हाथ रखते हुए कहा, "तो क्या हुआ, बबिता से बड़ा फ़ेमिनिस्ट तो मैं ख़ुद हूँ।"

बबिता हँस पड़ी ठहाका लगाकर। ख़ुद भी अमित के कन्धे पर हाथ रखकर झूल-सी गई। बोली, "और जिसका इन्तज़ार कर रहे हैं वह कितनी बड़ी फ़ेमिनिस्ट है, यह तो मालूम है न?"

इस बार मोहन ने खड़े होकर कहा, "न तो मैं फ़ेमिनिस्ट हूँ, न मुझे थर्स्ट की कमी है। कौन शुरू करेगा मेरे साथ?"

यहाँ शायद सबसे कम उम्र का होगा मोहन, अविवाहित। फ्रेंचकट दाढ़ी के साथ ही सिर के बाल को गर्दन के पीछे पॉनीटेल बनाकर बाँध रखा था उसने। यहाँ के दूसरे विद्वानों की तरह उसने भी कुछ किताबें लिखी हैं, जाने-माने प्रकाशकों ने छापी हैं। एक तरह का विद्रोही हाव-भाव था उसमें। शायद आन्ध्र के भीतरी इलाक़े में एक्टिविस्ट था, कहते हैं कि जेल भी जा चुका है। मोहन के बोतल खोलने से पहले अमित परेशान होते हुए बोले, "बाबू मोहन, तुम्हारी पड़ोसन जो है जया। उसे बग़ैर बुलाए अकेले कैसे चले आए?"

मोहन बोला, "पड़ोसन हुईं तो क्या हुआ, जया देवी कब अपने घर आती-जाती हैं, मैं क्या उनकी ख़बर रखता हूँ?"

जवाब में कवि मनिंदर बोले, "ठीक कहा। भला कौन रख सकता है हवा की रफ़्तार की ख़बर?"

आख़िरकार मोहन ने बोतल खोलना टाला, कहा, "वाह, अभी से कविता गाने लगे मनिंदर जी, ज़रा सब्र कर लो। वरना जया के आने के बाद क्या गाओगे?"

परन्तु मनिंदर कवि के रूप में नहीं, सामाजिक विज्ञान के शोधार्थी के रूप में हैं यहाँ। लम्बे समय तक अमेरिका में थे। लौटकर भारत में बसने का मन बनाया है।

इतने में दरवाज़ा खोलकर अन्दर घुस आए देवेश। सबकी निगाहें उन्हें नज़रअन्दाज़ कर उनके पीछे देख रही थीं। मुड़कर अपने पीछे देखते हुए उन्होंने पूछा, "क्या बात है, इस तरह क्या देख रहे हैं?"

दो-तीन लोगों ने एक साथ पूछा, "जया कहाँ है?"

हँसी का फव्वारा फूट पड़ा, सवाल करनेवालों को मानो अपनी बेवकूफ़ी समझ आ गई थी। यहाँ की सबसे चहेती नारी जया के प्रणय-मधु से एकाध बूँद सिर्फ़ देवेश को मिली है, ऐसा यहाँ उपस्थित अधिकतर लोगों का विश्वास है। अमित ने उनके सवालों का जवाब देते हुए कहा, "देवेश तो अभी अपनी पत्नी और बेटी को स्टेशन छोड़कर आ रहे हैं, तुम सब उनसे पूछ रहे हो कि...।"

"देवेश जी, आप ही जाकर जया को ले आइए। उसके बिना गिलास उठेंगे कैसे?"

वन-पहाड़ों से घिरे इस शोध संस्थान में आकर रह रहे तकरीबन तीस लोगों को साँझ काटने के लिए कभी-कभार ऐसे सांध्य-भोज की ज़रूरत पड़ती है। छोटे-छोटे कई गुटों में बँटे हुए हैं यहाँ के रहनेवाले, इन्हीं के बीच आपसी अदला-बदली भी होती रहती है। परिवार के साथ रहनेवाले शोधार्थियों में लगभग आधी महिलाएँ हैं। उनमें से अधिकतर इकट्ठे मिलकर बाज़ार घूमना-घामना और खाना-पीना पसन्द करती हैं। शाम को इस तरह पुरुष प्रधान बैठकी को सिर्फ़ पीने-पाने की पार्टी कहकर वे लोग मज़ाक़ उड़ाती हैं। इसलिए ऐसी बैठकों में महिलाओं की संख्या सहज ही कम होती है।

इतने में किसी ने दरवाज़े पर दस्तक दी। उठते-उठते अमित ने कहा, "अरे रुको, खोलता हूँ भाई, मेरा दरवाज़ा टूट जाएगा, कमज़ोर हो गया है।"

निचले तल से लकड़ी की सीढ़ियाँ चढ़कर ऊपर आने के बाद बाहर खड़े होने का सब्र नहीं होगा ठंड की वजह से। अंग्रेज़ों के ज़माने की लकड़ी से बने कॉटेज हैं। लकड़ी की खिड़कियाँ बन्द ही रहती हैं। खोलने की ज़रूरत नहीं पड़ती ठंड की वजह से। दरवाज़ा खोलते हुए अमित राय ने स्वागत किया, "आ गए बाबा शिवानन्द, क्या तूफ़ानी रात में तोड़ डालोगे दरवाज़ा आज मेरा।"

बबिता ने पतली आवाज़ में चिल्लाते हुए कहा, "वाह, शिबू। चलो, कम-से-कम कोई एक तो आया जो ख़ालिस पियक्कड़ नहीं है।"

आधे खुले दरवाज़े से हाँफते हुए मफलर लिपटे चेहरे से शिबू बोला, "जया वहीं अपने घर के सामने वाले बग़ीचे की रेलिंग पकड़कर खड़ी है, मैंने आते वक़्त देखा।"

एक साथ फिर से दो-तीन लोग आगे-पीछे होकर पूछने लगे, "अरे, जया को साथ नहीं लिवा लाए शिबू? तुम्हारा बचपना नहीं गया अभी। यहाँ पहुँचकर कहते हो कि जया को देखा है। बुलाकर ला नहीं पाए?"

मफलर के भीतर से शिबू ने कहा, "बुलाया था उन्हें, बोली कि तुम चलो शिबू, मैं भी पहुँच रही हूँ।"

"अरे, सूर्यास्त देख रही होगी, रोमांटिक जो ठहरी।"

"चिड़िया देख रही होगी। मैंने एक बार देखा था उसे, हाथ में बायनाकुलर लिये हुए, सलीम अली की 'इंडियन बर्ड्स' किताब भी साथ रखती है।"

"उसके घर के बग़ीचे से नीचे पहाड़ियों में देखने पर शायद सियार या ख़रगोश दिख जाते हैं। कहते हैं, लकड़बग्घा और लियोपार्ड भी आते हैं नीचे जंगल में।"

"तब तो फ़ौरन जाओ देवेश, कहीं बाघ ने उसे अब तक देख न लिया हो।"

"देख ले बाघ जया को। उसे भी क्या वैसा ही दिखेगी जैसा कि हमारी आँखों को दिखती है?"

पूरा दिन कट जाता है यहाँ इंस्टीट्यूट की लाइब्रेरी में या घिसे-पिटे सेमिनारों में। सूखा कुआँ खोदकर पानी निकालने जैसे रिसर्च के काम में। कभी-कभार चार-छह लोग मिलकर थोड़ी-बहुत मौज़-मस्ती कर लेते हैं। बातचीत बार-बार फिर से पहुँच जाती है अपने पेशेवर विषय तक। सिर्फ़ उस तरह का एकाध कोई मौजूद हो तभी तो मन की मस्ती को बाहर निकलने का बहाना मिल जाता है, साथ ही और कुछ दिनों तक यहाँ के अकेलेपन को खींच लेने का।

बोतल खोल रहे थे देवेश। गिलास में डालते हुए बोले, "अमा छोड़ो। जया कान में मोबाइल लगाए ज़रूर किसी से बात कर रही होगी। भला शिबू को अँधेरे में दिखता ही कहाँ है।"

चुप थे सभी। देवेश से ऐसी टिप्पणी की उम्मीद किसी को नहीं थी। अमित ने चुप्पी तोड़ी, "तुम्हीं को फ़ोन कर रही होगी भैया देवेश। आख़िर और कौन है इतना ख़ुशनसीब?"

देवेश जवाब दिए बिना दबे होंठों से मुस्करा रहा है, अपना गिलास उठाकर कह रहा है चिअर्स।

अमित गिलास उठाकर कह रहा है, "जया के जल्दी आने की उम्मीद में चिअर्स।"

दूसरे लोग भी गिलास उठाकर कह रहे हैं, चिअर्स।

बबिता बोली, "तो फिर मैं ही अकेले इन्तज़ार करती हूँ जया का।"

कोनेवाली कुर्सी पर बैठे शिबू ने आगे झुककर बबिता की ओर अपना गिलास बढ़ाते हुए कहा, "यह तुम लो बबिता, शुरू करो, मैं जया को लेकर आता हूँ।"

किसी की बात का इन्तज़ार किए बग़ैर शिबू निकल गया। जाते समय दीवार के ब्रैकेट में टँगा अपना ओवरकोट निकालकर पहन लिया, टॉर्च और छाता भी ले गया। सबसे तेज बुद्धिजीवी माना जाता है वह और सबसे बेतरतीब भी। एकाध हँस रहे लोगों को अपनी पैनी नज़र से चुप कराते हुए बबिता बोली, "तुम सब इंटेलेक्चुअल ऐसे ही होते हो। ख़ुद एक क़दम नहीं बढ़ाओगे और दूसरा कोई चले तो उसकी खिल्ली उड़ाओगे।"

देवेश इस डेढ़ मिनट में गिलास आधा कर चुका था, बोला, "बिलकुल ठीक कहा बबिता। अब मुझे ही देखो, ज़रा-सी हिम्मत की है तभी तो मुझे तुम सबका मज़ाक़ सहना पड़ रहा है न।"

"जेलसी कहो बन्धु, ईर्ष्या।"

शिमला की जाड़े की ठंडी शाम के बादलों के भीतर शिबू ने पैर बढ़ाया, छतरी की नोक से रास्ता टटोलते हुए। बारिश रुकने लगी थी, फिर भी रुई के फाहों की तरह छोटे-छोटे बादल इधर से उधर टहलते हुए आकर दृश्यों को ढक लेते थे। आगे हल्का-हल्का अँधेरा था। पीछे खान-पान की महक, ऊष्म बैठकी, उठकर जाना आसान नहीं था।

देवेश ने बग़ैर कुछ बोले चुपचाप हाथ का गिलास होंठों से लगाया। उसका मन टिका था शिबू पर।

मोहन उसे देखते हुए कुछ इशारे के साथ मुस्कराया। बोला, "शिबू के लौटकर आने तक सभी का मन जाकर टिका होगा शिबू पर।"

बबिता ने नाटकीय अन्दाज़ में कन्धा उचकाते हुए कहा, "उफ़, तुम मर्दों को समझ पाना मुश्किल है।"

बेंत की कुर्सी की सीट और हत्थों के बीच से बाहर उभर आई थी बबिता कौर की चर्बी भरी देह। पशमीना शॉल खिसके हुए खुले कन्धे पर हल्की-सी रोशनी पड़ रही थी और कान के लम्बे झुमके उसे छू रहे थे। अमित अपनी सफ़ेद मूँछ तर्जनी से खुजलाते हुए बबिता को ऊपर से नीचे तक एक बार देख गए, बोले, "तुम्हें

समझने की क्या पड़ी है? हम जो हैं तुम्हें समझने के लिए। तुम सिर्फ़ रिलेक्स करो, हमारे साथ रहो।"

बबिता अपनी काजल लगी हिरणी-सी आँखों से अब इस चेहरे से उस चेहरे तक नज़र डालकर हँसती रही कुछ देर। उसके भरे-भरे होंठों के बीच दबी उस हँसी की तरंग उसके 'लो-नेक' ड्रेस के भीतर से झाँकती पुष्ट छाती को थर्रा रही थी। उसे पता है, अमित इसी तरह देखते हैं, यहाँ तक कि बदन और पीठ पर हाथ भी रखते हैं, पर उनकी ओर सीधे देखकर उनकी नतिनी के बारे में पूछते ही अचानक उनका चेहरा बदल जाता है, आँखें भर आती हैं। और शायद बीवी से बेहद डरते हैं, कोलकाता से बिना ख़बर किए आकर पहुँच जाती हैं वे बीच-बीच में इस हिल-स्टेशन की हवा खाने। कहते हैं, यहाँ के चपरासी, ड्राइवर सबको हाथ में रखा है उनकी पत्नी ने।

शिबू जब पहुँचा, जया खड़ी थी पहाड़ की खाई की ओर निकले हुए अपने छोटे-से बग़ीचे की रेलिंग के पास। हाथ में न तो मोबाइल था न ही बायनाकुलर। शाम के आसमान में उसकी ख़ूबसूरत देह का सिलुएट अंकित था।

"हाय जया। सभी तुम्हारा इन्तज़ार कर रहे हैं। देवेश जी भी आ चुके हैं।"

मुड़कर देखा जया ने। अपने घने बालों को सहलाते हुए भौंहें उठाकर ख़ुशी से मुस्कराई, "अरे वाह शिबू। तुम मुझे बुलाने आए इतनी दूर, फ़ोन ही कर दिया होता।"

कहते हुए शिबू के पास चली आई जया। यह सोचते हुए कि देवेश तो इधर से ही गए होंगे। उसके कॉटेज के ठीक ऊपर से होते हुए गए पहाड़ी रास्ते से साफ़ दिखाई देता है उसका यह छोटा-सा बग़ीचा। रास्ते पर ही खुलता है अहाते का गेट। चाहते तो आ सकते थे। नहीं, वे जया के साथ पार्टी में नहीं जाना चाहते होंगे। बीवी के कान में पड़ जाएगी।

शिबू पूछ रहा है एक छोटे बच्चे की तरह "क्या देख रही थीं वहाँ खड़े होकर? जंगली जानवर दिखते हैं न आपके बग़ीचे से?"

"अरे नहीं, आजकल नहीं दिखते।"

"शायद सूर्यास्त देख रही थीं।"

"नहीं तो। सूर्यास्त तो हो चुका है। रेलगाड़ी देख रही थी। लाल रेलगाड़ी।"

शिबू ज़ोर से हँसा, हा-हा-हा। कितनी ही ज़ोर से हँसने पर भी नर्म सुनाई देती है उसकी आवाज़, उसमें कोई ख़ास मर्दानगी नहीं होती।

जया ने कहा, "भैया शिबू, तुम्हारी हँसी न, एक छोटे बच्चे-सी है।"

शिबू ज़रा गद्गद दिखा, बोला, "शायद आप कुछ देर और रुकेंगी। तो फिर चलिए, साथ खड़े हो जाते हैं। पर रेलगाड़ी में क्या है देखने को, पथेर पांचाली की तरह क्या आप भी कोई छोटी लड़की हैं?"

"हो भी सकती हूँ। यहाँ से गाड़ी कितनी सुन्दर लगती है, जंगल-पहाड़ों के बीच से। देखा है तुमने?"

सिर खुजलाते हुए शिबू ने कहा, "उतने ध्यान से नहीं देखा। गया हूँ एकाध बार टॉय ट्रेन से। चलिए देखते हैं आज...।"

जया समझ गई, रेलगाड़ी देखने के लिए नहीं, शिबू उसके साथ कुछ समय बिताना चाहता है। ओवरकोट ऐसे पहन रखा है कि बटन ऊपर-नीचे लगे हैं। बिखरे बाल, इक्के-दुक्के पकने लगे हैं। उसके रिसर्च पेपर अन्तर्राष्ट्रीय जर्नलों में सराहे गए हैं। इसलिए सभी उससे ईर्ष्या करते हैं। बातचीत करता है किसी घबराए बच्चे-सा।

जया ने कहा, "रेलगाड़ी तो निकल गई अभी-अभी, अब फिर दिखेगी दो घंटे बाद। आओ, देखो यहाँ से जंगल और पहाड़। छोड़कर जाने को जी नहीं करता, आसमान की लाली चली जाए तो चलते हैं।

शिबू पगडंडी के दो-राहे पर खड़ा है, शायद छाये-अँधेरे में उसे सूझ नहीं रही थी राह। जया हँसी, थोड़ी-सी चढ़ाई चढ़कर शिबू के पास गई, पूछा, "इतना सोच क्या रहे हो?"

शिबू ने कुछ झिझकते हुए कहा, "यहाँ तो झाड़ियाँ भरी हैं। रास्ता तो दिख ही नहीं रहा।"

असमंजस में पड़े शिबू का हाथ पकड़कर रास्ता दिखाते हुए ले गई जया। बग़ीचे के अहाते की रेलिंग पर उसकी देह से सटकर खड़ी होकर कहा, "कितने अद्भुत लग रहे हैं देखो तो, वहाँ वे दो पेड़, बैगनी और नारंगी फूल, एक ही पेड़ के दो हिस्सों में खिले होने की तरह, है न?"

शिबू ने अन्दाज़ा लगाने-सा देखा, बोला, "जया जी, शाम के बाद मैं एक तरह से लगभग अन्धा हो जाता हूँ। मेरी आँखें ख़राब हैं बचपन से।"

जया ने हैरत से शिबू की ओर देखा, काफ़ी मोटे चश्मे के नीचे कंचे-सी छोटे-छोटे कंचों-सी उसकी टिमटिमाती आँखें। कुछ रुककर पूछा, "तो फिर अकेले क्यों आए? उन लोगों ने तुम्हें भेज दिया, कितने स्वार्थी हैं सभी।"

शिबू कुछ झिझकते हुए हँसा, बोला, "नहीं, मैंने ख़ुद ही यहाँ आने को कहा था।"

जया ने कहा, "अरे, तुम्हारे कन्धे पर एक झींगुर कहाँ से आकर बैठ गया, दिखाओ झाड़ देती हूँ।"

झींगुर कूदकर जया के हाथ पर आकर बैठ गया। शिबू को दिखाकर पूछा जया ने, "जंगल छोड़कर हमारे पास क्यों आ गया यह, देख रहे हो न?"

शिबू की नज़र फ़ोकस नहीं हो रही, कह रहा है, "नहीं, कहाँ है वह?"

देह से झाड़कर जया ने कहा, "चलो, चलें। वे लोग पीने को उतावले हो रहे होंगे।"

चलते समय शिबू का हाथ पकड़े हुए थी जया, बोली, "मैं रास्ते का ध्यान रख रही हूँ, आराम से चलो।"

शिबू के ठंडे हाथ की मर्माहट उसकी इच्छा के बगैर भी बढ़ती जा रही थी। चढ़ाई पर चलते-चलते बढ़ती साँसों के बीच से उसने कहा, "आज की शाम मुझे याद रहेगी, जया जी।"

जया ने कुछ हँसकर कहा, "मुझे भी तो याद रहेगी। अच्छा कहो तो, और कौन-कौन पहुँच चुके थे तुम्हारे आने तक? क्या कुछ कह रहे थे मेरे बारे में?"

जया की मुट्ठी से शिबू का हाथ निकल गया ख़ुद-ब-ख़ुद। ठंड बढ़ने जैसी आवाज़ में बोला, "मनिंदर जी आपकी तारीफ़ कर रहे थे।"

जया ने आगे पूछा, "अच्छा? और कौन-कौन आ चुके थे?"

शिबू को मालूम था कि जया किसका नाम सुनना चाहती है। उसने जवाब दिया, "शायद सभी आ चुके होंगे, आपके सिवाय।"

जया और शिबू के पहुँचने तक महफ़िल जमने लगी थी। मनिंदर हाथ में गिलास लिये खड़े होकर अपनी एक नई कविता गा रहा था दलेर मेहंदी के स्टाइल में नाच-नाचकर,

शिमला की रेलगाड़ी ओ मेरी प्रिया छुक् छुक् छुक्
दूर पर्वत से गुज़रती हो जब दिल करे धुक् धुक् धुक्।

अमित राय ने कहा, "क्यों भई, रेलगाड़ी को लेकर तुम भी लिखने लगे? हम तो जानते थे कि सिर्फ़ मोहन रिसर्च कर रहा है भारतीय रेल पर।"

देवेश ने आँखें बन्द करके इमोशनल गले से कहा, "ओहो अमित दा, यह कविता प्रेमिका पर लिखी गई है, रेलगाड़ी पर नहीं।"

मोहन बोला, "मनिंदर भाई तो दो पेग चढ़ जाने पर ख़ुद बुलडोजर बन जाते हैं, भला रेलगाड़ी पर क्यों नहीं लिखेंगे।"

अमित बोले, "जया, कहीं तुम तो इसकी प्रेरणा नहीं हो? तुम्हारे घर से एक बार लाल रेलगाड़ी दिखाई थी तुमने मुझे, याद है? मगर उस दिन बारिश की वजह से कुछ साफ़ दिखाई नहीं दिया था।"

देवेश ने गिलास से चुस्की लेकर अपने हीरो अन्दाज़ में कहा, "जया ने भला किसे लाल रेलगाड़ी नहीं दिखाई है? आख़िरकार दिखाने की इच्छा उसकी है, क्यों है न जया?"

अब तक जया अपना ओवरकोट खोलकर दीवार पर टाँग चुकी थी और सिर के घने बाल अँगुलियों से सहलाते हुए अपनी मीठी मुस्कान से सारे कमरे को चौंधिया रही थी। उधर कविता पर चर्चा चल रही थी। उस माहौल को और अधिक हुलसाते हुए जया एक-एक कर सभी की ओर मुस्कान के साथ सिर हिलाते हुए 'हाय' कहती जा रही थी। देवेश की टिप्पणी सुनकर भी न सुनने-सी वह एक कुर्सी खींचकर बैठ गई। देवेश ने पूछा, "क्या हुआ जया, सीरियस हो गई? क्या मैंने कुछ ग़लत कहा?"

जया ने देवेश की ओर देखा, आहत होने के अन्दाज़ में पूछा, "क्या शिमला में आप में से किसी ने टॉय ट्रेन नहीं देखी थी? मेरे दिखाने पर ही देखा?"

भारतीय सिनेमा पर शोध कर रही है जया, इसलिए उसके हाव-भाव में रुपहले परदे से कुछ माया चली आई है, ऐसा कहकर उसके कलीग उसकी चुटकी लेते हैं। मनिंदर अपनी कविता ख़त्म करके गिलास चुन रहा था, बोला, "उनकी बातें छोड़ो जया। क्या तुम्हारा प्रिय ड्रिंक बनाऊँ?"

अमित ने कहा, "देख रहे हो न? क्या जया के प्रिय ड्रिंक के बारे में हममें से कोई जानता था?"

मनिंदर ने जवाब दिया, "भला आप कैसे जानते? जया और मैंने साथ-साथ कॉन्फ्रेंस अटेंड किया था वेनिस में, क्या तुममें से किसी को मालूम है?"

यह बात सबको मालूम थी, पिछले एक साल के दौरान हर पार्टी में बताई है मनिंदर ने यह बात। बातचीत लेकिन वहाँ से मानो राह बदलने का मौक़ा ढूँढ़ रही

थी। वेनिस की दो-चार बातें होने के बाद बातचीत चली गई कि कौन किस देश के बड़े कॉन्फ्रेंस में गया है, किस विश्वविख्यात व्यक्ति से मिला है, किस जर्नल में उसने पेपर छपवाया है।

मनिंदर ने ड्रिंक बनाकर जया की ओर बढ़ा दिया। दोनों चर्चा में शामिल ज़रूर थे पर जानते थे कि कुछ एक-सी यादें उभर आई हैं दोनों के मन-परदे पर। एक ही होटल में टिकना, साथ उठना-बैठना, खाना-पीना और एक साथ उस अद्भुत ख़ूबसूरत शहर में सैर-सपाटा करना।

जया का ड्रिंक अब चर्चा का विषय नहीं था, पर जया को याद आ रहा था वेनिस में किस तरह मनिंदर बीच सड़क पर नशे में धुत ऊधम मचाने लगा था उस रात। गनीमत कि सेमिनार के दो और साथी साथ थे, किसी तरह बचकर वहाँ से अपने रूम में लौट आई थी जया। अगले दिन मनिंदर ने जया से माफ़ी माँगी थी। मगर पहले-सा मूड फिर नहीं लौटा था दोनों के बीच, सेमिनार ख़त्म होने तक। पर एक साथ बिताए वे कुछ वक़्त न तो फिर लौटते हैं और न ही मिटाए जा सकते हैं मन से। एक हल्का-सा सँकरा पुल बन गया होता है कहीं मन के भीतर। हरे पेड़-पौधों से ढके हवा से डोलता बादल-सा एक हल्का पुल, एक पल में दिखता है, अगले पल बिला जाता है।

बबिता ने खड़े होकर घोषणा की कि साढ़े सात बज गए, अब वह सेवेन थर्टी है। दूसरों के प्रस्ताव के बावजूद उसने खड़े होकर ख़ुद ही बनाया अपना ड्रिंक। क्योंकि उसकी यह सोच थी कि वोदका मिक्स करने का तरीक़ा हर एक का अलग होना चाहिए। बबिता का क्षेत्र था दर्शनशास्त्र। विवाह नामक सामाजिक व्यवस्था में उसे शुरू से ही विश्वास नहीं है, ऐसा सबके सामने कहती है, हाव-भाव से अपनी सोच साफ़ भी कर देती है। अपना गिलास उठाकर बोली, 'चिअर्स, मेरे अगले कॉन्फ्रेंस के लिए।'

अमेरिका की जिस संस्था से उसे निमंत्रण मिला था उसका नाम सुनते ही सबका चेहरा उतर गया, फिर भी सबने अपना-अपना गिलास उठाकर कहा, "बबिता के पेपर पढ़ने की सफलता की कामना करते हुए, चिअर्स।"

बबिता इतने वक़्त की भरपाई करने की तरह लगभग गटगटाकर पी गई पूरा गिलास। जया की ओर देखकर बोली, "तुम्हारे घर से बहुत सुन्दर व्यू दिखता है, मैं जानती हूँ। पहले वह कॉटेज मुझे दिया गया था। मैंने मना कर दिया।"

फिर उसके पास जाकर कान में कहा, "बहुत दूर चलना पड़ता ऑफ़िस आने के लिए, मेरा शरीर तो देख रही हो न, क्या करती।"

जया ने कहा, "ठीक किया। बहुत दूर है वीराने में।"

बबिता ने और एक गिलास ड्रिंक लेकर कहा, "तुम्हारे घर आऊँगी जया, मुझे ज़रूर दिखाना हिरण और बाघ।"

जया हँस पड़ी, बोली, "बाघ और हिरण किसने देखा। टॉय ट्रेन दिखती है, मेरे घर के सामने खाई के उस पार पहाड़-जंगल से ट्रेन गुज़रते समय सचमुच एक खिलौने-सी सुन्दर लगती है।"

देवेश सुन रहा था उनकी बातें, बोला, "चिन्दीभर जगह ही तो दिखती है ट्रेन, बाईं ओर के पहाड़ पर क़रीब दो हाथ गुज़रने के बाद टनेल में घुस जाती है। बस।"

जया बोली, "नहीं तो। इधर बाईं ओर वाले पहाड़ से होकर घूमते-घूमते जाती है खिलौने-सी ट्रेन, सामने सुदूर पहाड़ पर एक पतली लाल लकीर जैसी दिखाई देती है, वहाँ से दाईं ओर, यानी टू-ओ-क्लॉक कोण तक पहुँचकर मुड़ जाती है पहाड़ के पिछवाड़े, फिर नहीं दिखती।"

कुर्सी के पीछे टिककर छत की ओर देख हो-हो करके हँस पड़ा देवेश, बोला, "क्या मैंने नहीं देखा? मेरा घर तो तुम्हारे घर से और भी ऊँचाई पर है, मेरी बालकनी से तो हमेशा दिखाई देती है, सारा घर हिलाते हुए आवाज़ आती है। कहाँ से तुमने पहाड़ के इस छोर से उस छोर तक लाल रेलगाड़ी देख ली, किसी फ़िल्म में?"

जया ने झूठ-मूठ का चिढ़ने जैसा मुँह बनाते हुए अपने पास रखी एक मैगज़ीन उठाकर देवेश को मारा, बोली, "चलो ठीक है, बिलकुल नहीं दिखती, मैं झूठ बोल रही हूँ, बस?"

"बिलकुल नहीं दिखती, ऐसा मैंने कब कहा। पर पहाड़ के इस सिरे से उस सिरे तक कहाँ दिखती है?"

मनिंदर बोला, "ट्रेन को देखना क्या है। मुझे तो इतना मालूम है कि ट्रेन चढ़ने के लिए होती है।"

अब शिबू ने कहा, "मोहन तो रिसर्च भी कर रहे हैं ट्रेन पर।"

मोहन को अब तक चढ़ चुकी थी, लड़खड़ाती जुबान से तर्क करने लगा, "रिसर्च करने पर तो ज़्यादा चढ़नी पड़ती है ट्रेन में, हज़ारों बार, लाखों बार। भला दूर से देखकर कोई रिसर्च करता है?"

जया ज़िद पर उतर आई, पूछा, "अमित दा, क्या आपने नहीं देखा मेरे बग़ीचे से?"

गद्‌गद हँसी के साथ जया की ओर देखते हुए अमित बोला, "बिलकुल देखा है। कितनी सुहावनी शाम थी वह, ख़ूब सारे सफ़ेद फूल भी खिले थे तुम्हारे बग़ीचे में, कौन-सा फूल था वो?"

देवेश बोला, "फूल पर बात नहीं चल रही अमित जी, वह ट्रेन किस रूट पर जा रही थी, कहिए तो?"

"क्या पता, मैंने कहा न, उतने डिटेल में मैंने नहीं देखा। कल जाकर देख लेते हैं।"

देवेश की ओर देखते हुए जया ने चुपचाप अपना गिलास होंठों से लगाया। यह चर्चा पहली बार नहीं हो रही थी। जब वह नई-नई यहाँ आई थी तब देवेश ने ही अपने घर की बालकनी से लाल रेलगाड़ी दिखाई थी, "वो देखो, मेरे घर के नीचे से होती हुई अब वह ट्रेन जा रही है समझी। जंगल-पहाड़ों के बीच आवाज़ से ही उसके रास्ते का पता चल जाता है, बस वो उधर थोड़ी देर के लिए अचानक दिख जाती है, वहीं जहाँ पाइन पेड़ों के झुरमुट के बीच जरा-सी ख़ाली जगह है, बस वहीं। फिर दो-चार सेकेंड में वहीं कहीं टनेल के अन्दर घुस गई तो गई। शोर भी उसके बाद समा जाता है पहाड़ों में।"

जया उसी दिन से नज़र रखे हुए थी लाल ट्रेन पर। जंगल-पहाड़ों से घिरी वीरान-सी जगह पर उसे मिला है वह पिक्चर पोस्टकार्ड-सा घर। अंग्रेज़ों के ज़माने के लकड़ी से बने बड़े विले का चार हिस्सा करके चार मकान बनाए गए हैं। अपने घर की खिड़की से, रसोई से, बरामदे से, हर जगह से देख सकती है वह लाल रेलगाड़ी, दिन में कई बार। वातावरण की चुप्पी को थर्राते हुए उसकी आवाज़ आते ही सारे काम छोड़ देती है जया। कहीं आसमान से उतर आने की तरह बदल जाता है सामने का दृश्य। पेड़-पत्तों के बीच से होती हुई गुज़र जाती है लाल रेलगाड़ी थोड़ी दूर तक, फिर पहाड़ के सीने में घुस जाती है किसी सरीसृप की तरह। घड़ी देखकर ठीक दो मिनट बाद न जाने वह कहाँ से दुबारा दिख जाती है बग़लवाले पहाड़ पर, दूर से बह आती है उसकी आवाज़। आज तक ऐसे दृश्य की बात किसी ने नहीं कही थी उसे। जी करता, काश! किसी को दिखा पाती।

हँसी-मज़ाक़ में रम गए थे सभी। विषय कूदता चला जा रहा था एक बात से दूसरी बात पर, इस हँसी-ठिठोली से उस बहस तक। शाकाहारी से मांसाहारी और

अजीब सात्त्विक से शुद्ध तामसिक तक। बोतलें ख़ाली होती जा रही हैं। कोई एक वहाँ नशे से सुस्त होकर ऊँघने लगा है।

खाने का दौर भी शुरू हो गया, रसोई से खाने-पीने की चीज़ें लाकर टेबुल पर सजाने में मदद कर रहे हैं कई लोग। बबिता ने एक प्लेट उठा लिया टेबुल से, जया को बोली, "मैं तीन से ज़्यादा कभी नहीं पीती, कितनी ही बढ़िया पार्टी हो या ड्रिंक हो। तुम्हारा क्या देर तक बैठने का प्लान है?"

जया भी उठकर खड़ी हो गई, बोली, "नहीं, देर होने पर अकेले पैदल लौटना होगा।"

बबिता ने प्लेट में खाना डालते हुए कहा, "देवेश भी तो तुम्हारे घर के रास्ते से ही जाएँगे, उनके साथ चली जाना।"

जया ने जवाब नहीं दिया। पुरुष दल उठकर खड़े हो गए खाने के हॉल में। उनके बीच कोई ख़ास बात जम जाने की वजह से ठहाका मारकर इस तरह हँस रहे हैं मानो दो महिलाएँ वहाँ होकर भी न होने की तरह थीं। जया के पास जाकर बबिता बोली, "जानती हो जया, जब मैं नई-नई आई थी तब देवेश के साथ कई बार वाक् पर गई थी। एक बार मुझे उसके घर पर रह जाने को बुला रहा था। मतलब समझ रही होगी तुम।"

जया का हाथ प्लेट पर ही रुक गया, बबिता की ओर देखा उसने उस बात की सचाई को जाँचने के लिए। बबिता ने आँख मारी। कहा, "तुमसे उम्र में मैं बड़ी हूँ। हालाँकि उम्र या चेहरे से क्या तजुर्बा को तौला जा सकता है? फिर भी, इतना याद रखना, मौक़ा मिलने पर कोई मर्द बिलकुल नहीं छोड़ता, मतलब नारी-संग की बात कह रही हूँ।"

जया के मुँह में कौर भरा था, मुँह के आगे हथेली रखकर वह ज़ोर से हँसने लगी। उसी तरह भरे मुँह से बोली, "क्या इतनी सी बात मैं नहीं जानती अब तक। इतना न हुआ तो वह मर्द फिर मर्द कैसे हुआ।"

बबिता कुछ सोचने सी लगी, फिर शामिल हो गई उसकी हँसी में। उनकी हँसी देखकर अमित उनके पास चले आए उन्हें खाने के लिए क्या कुछ चाहिए यह पूछने के बहाने, ऊँची आवाज़ में पुरुष वर्ग से बोले, "इन दोनों ने यहाँ अच्छा जमा रखा है, तुम लोग बेवकूफ़ हो जो उधर अपना सेमिनार चला रहे हो।"

जया ख़ुद ही चली गई पुरुषों के बीच, बोली, "ज़रा मैं भी शामिल हो लूँ सेमिनार में।"

उनका सेमिनार कोहरे की तरह पिघल गया उसकी आवाज़ की नर्म धूप लगते ही। उनमें से कोई एक जोक कहने लगा। थोड़ा-थोड़ा खाते हुए जया इसकी-उसकी आँखों में झाँक रही थी, अदाओं के साथ मुस्कुरा रही थी, खिलखिला रही थी। महफ़िल फिर से गरमाने लगी। जया ने ख़ुद को कोसा कि अकेले में देखे हुए किसी दृश्य के बारे में सोचकर वह क्यों इन दोस्तों के साथ होने का मज़ा हाथ से गँवा रही थी।

पार्टी ख़त्म होने के बाद देवेश और जया साथ-साथ घर लौट रहे थे। सुनसान पहाड़ी रास्ता। पक्के रास्ते को छोड़ते हुए पहाड़ी काटकर बनी सीढ़ियों वाली पगडंडी होती है हर जगह तक। पर सँकरी होती हैं, अँधेरी भी। जगह-जगह कुछ टूटी सीढ़ियाँ भी होती हैं, या कहीं पत्थर की सीढ़ी इतनी ऊँची होती है कि सँभालकर उतरना पड़ता है। स्पोर्ट्स जूते पहने होने के बावजूद देवेश का हाथ पकड़कर सावधानी से उतर रही है जया। ठिठुरती ठंड की वजह से मोटे कोट और टोपी के साथ हाथ में ग्लव्स भी हैं। हाथ पकड़े होने के बावजूद एक-दूसरे की देह की गरमाहट का अन्दाज़ा नहीं लगाया जा सकता।

देवेश पूछ रहा है, "बहरहाल तुम्हारी ज़िद तो टूटी। क्यों ख़ामख़्वाह नाराज़ हो रही थी मुझ पर?

"कहाँ, कब नाराज़ हुई?"

"और नहीं तो क्या? सबके साथ कितना हँसी-मज़ाक़ कर रही थी। मेरे साथ आख़िरी बार कब बात की थी?"

जया ने अपने हाथ का दबाव कुछ और बढ़ाते हुए पूछा, "यदि मैं भी यही सवाल करूँ तो?"

जया को यहाँ आए कुछ ही दिन हुए थे तब। संजय से डायवोर्स मिलने में उसे सात साल लग गए थे। एक साल के वैवाहिक जीवन के बाद कोर्ट में तलाक़ का मामला घसीटते-घसीटते पहले तो वह अपने ही दोस्त-रिश्तेदारों से अलग हो गई। फ़ैसले के काग़ज़ात मिलने के बाद वह समझ नहीं पाई थी कि अब करे क्या। अनजान बन चुके अपने ही उस पुराने शहर में अब वह कैसे रहेगी। उस बेचैनी में कोशिश करते-करते इन पहाड़ों के बीच आकर दो साल रहने का मौक़ा उसे मिल गया।

धीरे-धीरे अच्छा लगने लगा एकान्त में बना यह बसेरा। क़रीब के बड़े शहर की चहल-पहल से कुछ दूरी पर पनप उठी है यह बस्ती। लहरदार पहाड़ों की

ऊँची-नीची जगहों पर पेड़-पौधों के बीच से कहीं-कहीं इक्के-दुक्के घर-बार तो कहीं ऑफ़िस की बिल्डिंग दिखाई दे जाती है। दिल्ली में रह लेने के बाद यह जगह एक तरह से गाँव-सी, पुराने ज़माने की लगती है। पीठ पीछे करते ही लोग कानाफूसी करने लगते हैं। घर की नौकरानी, ऑफ़िस का ड्राइवर सभी उसके बारे में बातें करते हैं, उसे मालूम है। मन ख़राब नहीं होता। बल्कि हल्का हो जाता है। अभी कुछ दिनों पहले, बचपन से जानी-पहचानी अपनी नगरी एकाएक अनजान बन गई थी। तलाक़ के बाद वाले दिन थे वे। सड़क चलते, बाज़ार में, ऑफ़िस में अकेली पड़ जाती वह, कितनी भयावह जान पड़ती आगे पड़ी ज़िन्दगी। कितनी ही बड़ी प्राप्ति की या अर्जित की गई जायदाद की ढाल चाहे ओढ़े रखो, लोगों की नज़र में तुम अकेली होती हो। हाथ की पहुँच में।

आज इतने दिनों बाद उसी को लेकर खेलना सीख गई है जया। वही अपने अकेलेपन को। खेल तो खेल होता है। हर भीड़ के बीच चकरी की तरह घूमना। सबके हाथ की पहुँच से अपनी देह को रखना दो हाथ की दूरी पर।

मगर खेल का नियम ख़ुद पर लागू नहीं होता कभी-कभी। देवेश के साथ जितनी देर रहती है, वह दूसरे समय की तरह नहीं होता। ख़ुद को सँभालने पर भी, उस परिचित जाल को पहचानने पर भी उसमें पैर पड़ जाता है। और ख़ुद को रोक पाना सम्भव नहीं होता।

देवेश कभी-कभी अपने घर लौटते समय रास्ते में जया के घर रुक जाता है कुछ देर के लिए। जया इन्तज़ार में रहती है। देवेश के काम की डेडलाइन ख़त्म न होने तक और कोई भी चीज़ उसके लिए बड़ी नहीं होती। जया जानती है, काम अधूरा छोड़कर रसरंग में डूबने के लिए आनेवाले लोगों में नहीं है देवेश। उसके लिए इन्तज़ार करनेवाले को वह निराश नहीं करता, न तो पेशे के तकाज़े में, न ही परिवार की ज़िम्मेदारी निभाने में।

कई दिन ऐसे बीते हैं। बग़ीचे की रेलिंग पकड़े देवेश का इन्तज़ार करती रही है जया। इन्तज़ार करती है लाल रेलगाड़ी का भी। जी करता, आज शायद दोनों साथ मिलकर देखेंगे वह दृश्य। देखो, उस टनेल में छोटी से और छोटी होकर घुस गई रेलगाड़ी, दो मिनट बाद फिर मैजिक की तरह निकल आएगी, घुघुआती हुई चली जाएगी दाहिनी ओर के पहाड़ के उस छोर तक, ग़ायब हो जाएगी बीच आसमान में छलाँग लगाने की तरह।

यह दृश्य वह कभी नहीं दिखा पाई देवेश को। इतना भर बता तक नहीं पाई। देवेश मज़ाक़ में या हड़बड़ी में टाल जाता है शुरू से ही। यह बात उसे परेशान करते वक़्त जया ख़ुद को समझाती, भला क्यों वह इस बात को लेकर गाँठ बाँधे हुए है? क्या यह कोई बड़ी बात है?

फिर भी हठ करने-सी वह बात मन में लगती रहती है। जैसे आज से पन्द्रह साल पहले शादी के बाद उसने जब पति से कहा, जानते हो, आज महांति बाबू के मकान के बग़ीचे में मैंने एक गंधराज फूल देखा, ख़ुशबू बिखरी हुई थी चारों ओर। प्रेमी से हाल ही में पति बने संजय ने कहा, "गंधराज फूल? वह क्या है? मैं तो नहीं जानता। कहाँ लिखी है ऐसे एक फूल की बात? मेरी माँ के अपने हाथों से बनाए बग़ीचे में तो यह फूल कहीं नहीं था। तुम ज़रूर चाँदनी या तराट फूल के बारे में कह रही हो।"

कोर्ट केस के सिलसिले में दौड़-धूप करते समय जया के मन में कई बार यह ख़याल आया है, क्या दुनिया पलट जाती अगर उसने गंधराज को चाँदनी या तराट मान लिया होता? कम-से-कम इस बात पर इतना ज़ोर न देती कि "संजय गंधराज फूल को पहचाने।"

जया का घर आ गया था। बड़े रास्ते से नीचे ढलानवाले रास्ते के पास खड़े देवेश ने पूछा, "घर बुलाओगी या यहीं से विदा कर दोगी?"

"तुम्हीं बताओ, इतनी ठंडी रात में थोड़ी-सी कॉफ़ी पीए बिना भला कोई जाता है?"

दूर पहाड़ के उस ओर से सुनाई दे रहा है कुछ, अस्पष्ट साँय-साँय। रात की ट्रेन की आवाज़। बादल डोलते-मँडराते आ रहे हैं छोटे-छोटे टुकड़ों में, इस ओर एक टुकड़ा ढक देता है तो दूसरी कुछ खोल देता है। अन्दर न जाकर देवेश बग़ीचा के किनारे की ओर जा रहा था। जया अपने घर का ताला खोलकर इन्तज़ार कर रही थी। पूछा, "उधर कहाँ चल दिए?"

देवेश बोला, "उस तरफ़ के पहाड़ों पर गाँव की बत्तियाँ कितनी अद्‌भुत लग रही हैं, मानो नीचे एक और आसमान हो।"

"और कुछ देर बाद इधरवाले पहाड़ की दीवार से एक क़तार जुगनू की तरह रात की गाड़ी गुज़रेगी। पर हिलते-डुलते बहते बादलों के बीच से भला किस दृश्य पर भरोसा किया जा सकता है?" जया ने दरवाज़े से आवाज़ दी, "देवेश, ठंड लग जाएगी, बाहर खड़े मत होओ। बढ़िया कॉफ़ी बनाती हूँ। आओ।"

दोनों ने पीठ कर ली सामनेवाले पहाड़ की ओर। मुँह कर लिया जया के सजे-सँवरे घर की ओर। घर में पैर रखते ही देवेश बोला, "कुछ भी कहो, इस कोहरे भरी रात में साथ बैठकर कॉफ़ी पीने से बढ़कर और कोई सुख नहीं है।"

इस बार अपने मन को बाहर न जाने देकर जया ने दरवाज़ा बन्द कर लिया। बाहर चबूतरे से भीतर कमरे में चले जाने के बाद फिर कोई शोरगुल नहीं सुनाई देता। एक दुनिया इस घर के बाहर भी है, यह पता ही नहीं चलता।

फ़ैसला

श्यामबन्धु और उनके पिता कुर्सियों पर आमने-सामने बैठे थे। श्यामबन्धु उदास व चिन्ताग्रस्त प्रौढ़ हैं। उनके पिता हैं भारी-भरकम शरीर वाले। पास ही सिर झुकाए ख़ास अन्दाज़ में खड़े माली को पिता समझा रहे थे कि मँगवाए गए फूलों के पौधे मकान के सामने कहाँ-कहाँ किस तरीक़े से लगाने हैं। श्यामबन्धु भौंहें सिकोड़कर सीधे शून्य में ताक़ रहे थे। माली को विदा करने के बाद अब बेटे की ओर मुखातिब होते हुए बोले, "हाँ, तो तुम क्या कह रहे थे श्याम?" श्यामबन्धु पिता की ओर नज़रें लौटाकर बोलना शुरू करने से पहले पिता ने माली को पीछे से आवाज़ देकर कहा, "अरे सुन, अन्दर कहते जाना, थोड़ी चाय और भिजवा दें!"

श्यामबन्धु कुछ पल दुविधा में पड़े रहे, फिर एकदम से कहने लगे, "आज तक मेरे साथ बहुत अन्याय और बेइंसाफ़ी हुई है पिताजी, अब नहीं सहा जाता! अब आप ही देखिए—मैंने ख़ुद ओड़िशा से बाहर नौकरी की, बाबला ने ओड़िशा से बाहर पब्लिक स्कूल में पढ़ाई की इसलिए उसे ग़ैर-ओड़िया कहकर लड़के सीट पा गए चूँकि उन्होंने ओड़िशा में सिर्फ़ पढ़ाई भर की थी, भले वे ओड़िया के दो शब्द न बोल पाते हों! मेरे सभी संगी-साथियों ने सरकारी रुपया खाया, किसी को कुछ नहीं हुआ। ब्रज त्रिपाठी, राम मिश्र, गोपाल महांति—सभी मेरे दोस्त थे, आपको याद होगा। इनमें से किसने रुपया नहीं कमाया, मकान नहीं बनवाया? और सस्पेंड हुआ मैं, सिर्फ़ एक छोटी-सी बात के लिए, वह भी इस बुढ़ापे में?"

निश्चिन्त वृद्ध ने कहा, "चलो छोड़ो इन बातों को! क्यों ख़ामख़्वाह अपना दिमाग़ ख़राब करते हो। शहर से आए हो, ज़रा आराम कर लो, देखना शरीर में फिर स्फूर्ति आ जाएगी। तुम भला बूढ़े कब से हो गए, जो ख़ुद को बूढ़ा कह रहे

हो? बहुत नौकरी कर ली तुमने, अब खेती-बाड़ी में मन लगाओ। सरकार ने नौकरी दी थी, उसके मन में आया उसने वापस ले ली, ले लेने दो।"

श्यामबन्धु की समस्या पर फ़ैसला कर डालने की मुद्रा में वृद्ध कुर्सी से टिक गए और इधर-उधर ताकते हुए किसी को ढूँढ़ने लगे। श्यामबन्धु आगे की ओर झुकते हुए बोले, "यों ही नौकरी नहीं चली गई पिताजी। आप नहीं जानते, मुझ पर शक करके सस्पेंड किया गया है। मेरे विरुद्ध इन्क्वायरी चल रही है। यह मेरे लिए कितना बड़ा अपमान है, कितनी बेइंसाफ़ी है। घोर अन्याय भी। आख़िर कौन-सा गुनाह किया है मैंने, जिसके लिए एक के बाद एक अन्याय सहता रहूँ इस देश में?"

आसपास किसी और को न पाकर पुन: बेटे की ओर देखते हुए पिता ने कहा, "अरे! क्या हमेशा न्याय की वजह से ही लोग सज़ा भोगते हैं? मेरे पिता कितने धार्मिक पुरुष थे! किसी दुखियारे को देखते ही उनकी आँखों से आँसू बहने लगते थे। मैंने ही इधर-उधर करके इतनी जायदाद इकट्ठी कर ली, वरना तो वे छोड़ ही क्या गए थे? दान-धर्म के कामों में वे तो पुश्तैनी जायदाद तक स्वाहा कर चुके थे। उन जैसे भगत पुरुष भी तो आठ साल तक बिस्तर पर पड़े-पड़े सड़ते हुए मरे। कौन-सा गुनाह या पाप किया था उन्होंने, जिसके कारण उन्हें इतना नरक भोगना पड़ा? इतने पर भी क्या कभी उन्होंने भगवान पर दोष लगाया?"

श्यामबन्धु ने सिर हिलाते हुए कहा, "यह सब तो नसीब की बात है, पिताजी! इसमें किसी का हाथ नहीं होता। लेकिन हमारे देश में इतने कोर्ट-कचहरी होते हुए भी जान-बूझकर जो ग़लत फ़ैसले किए जा रहे हैं, मैं तो उस बारे में कह रहा हूँ।"

बातचीत के विषय से ऊब जाने के अन्दाज़ में वृद्ध ने कहा, "नौकरी तो तुमने सरकार की की। अब अगर तुम्हें उनके ग़लत-सही फ़ैसले पर भरोसा नहीं होता, तो तुम आख़िर उनका कर ही क्या सकते हो?"

श्यामबन्धु जवाब न देकर चुप रहे। इसी बीच तीन-चार लोग धोती पहने, हाथों में बैग और कुछ काग़ज़ात लिये आ पहुँचे। उन्हें देखकर वृद्ध के चेहरे पर ख़ुशी की लहर दौड़ गई और प्रौढ़ का चेहरा अधिक गम्भीर हो उठा। वृद्ध प्रफुल्लित होकर खड़े होते हुए कुर्सियाँ भिजवाने के लिए चिल्लाए। फिर बड़े विनय से कहने लगे—"बैठिए, बैठिए! जानते हो श्याम, ये लोग कौन हैं?"

श्यामबन्धु ने निर्लिप्त भाव से कहा, "जानता हूँ। भागवत यज्ञ के आयोजक हैं। सुबह मुलाक़ात हो चुकी है इन लोगों से।" वृद्ध और अधिक आनन्दित होते

हुए बोले, "कुछ भी कहो, इतने दिनों बाद इस गाँव में यह महान कार्य हो रहा है, वह भी इस घोर कलियुग में।"

"महान कार्य?" अब श्यामबन्धु ने एक नंगा प्रश्न उछाल दिया अपने पिता पर, "आप कितना चन्दा दे रहे हैं पिताजी?"

पिता ने जवाब दिया, "ढाई हज़ार देने की सोच रहा था, लेकिन इन सबकी ज़िद भी नहीं तोड़ना चाहता, इसलिए तीन हज़ार दूँगा।"

"तीन हज़ार!" एक-एक अक्षर पर ज़ोर देते हुए श्यामबन्धु ने अचरज जताते हुए कहा, "तीन हज़ार! क्या कह रहे हैं पिताजी?"

"अरे बेटे, धरम-करम की ओर भी तो थोड़ा-बहुत ध्यान देना चाहिए।" उपस्थित धार्मिक व्यक्तियों पर एक नज़र डालते हुए किंचित् लज्जित स्वर में पिता ने समझाया, "या सिर्फ़ खा-पीकर यों ही मौज-मस्ती में फ़िज़ूल में जीवन बिता देंगे?"

श्यामबन्धु ने अपनी आवाज़ को क़ाबू में रखने की कोशिश करते हुए कहा, "उसी तीन हज़ार रुपये से ग़रीबों के लिए कुछ क्यों नहीं करते? हमारे गाँव के लड़के पढ़ नहीं पा रहे हैं, ग़रीबी की वजह से। यदि पुण्य करना ही चाहते हैं तो उनकी मदद क्यों नहीं करते? जाड़े के दिनों में एक-एक चादर क्यों नहीं दे देते उन्हें?"

पिता सब कुछ समझने जैसा मुस्कराते हुए बोले, "भगवान् ही उन्हें ग़रीब, दुखी करके रखना चाहते हैं, बेटे! जब ईश्वर स्वयं संसार के लोगों को उद्धारने अवतार लेकर आते थे, क्या तब दीन-दुखी नहीं थे? हमारे चाहने से क्या उनका दुख दूर हो जाएगा? या हम अपना काम करें?"

एकाएक श्यामबन्धु खीजते हुए बोले, "आप तो अपना काम कीजिए, पिताजी। यज्ञ कीजिए, दावत दीजिए।"

वृद्ध मुस्कराए। बचपन में उनका यह बेटा जिस तरह की बातें किया करता था, बात-बात में ग़रीबों के लिए हमदर्दी के कारण ग़ुस्से से आगबबूला हो जाया करता था, आज उसके सिर के बाल आधे पकने और गाल लटक जाने पर भी अभी तक ठीक वैसा ही है।

वृद्ध ने कहा, "समझे बेटे श्याम! 'बिनु विश्वास न मिलै गोपाला।' तुम्हारी तो किसी भी चीज़ पर आस्था ही नहीं है। तुम भला न्याय-धरम की बातें क्या समझोगे?"

लम्बी साँस भरते हुए श्यामबन्धु कुर्सी से उठ खड़े हुए। आधा सुनाते व आधा ख़ुद ही को मनाने जैसा बोले, "मैं समझता था कि अज्ञानता और अन्धविश्वास ही

सारी धार्मिकता की जड़ है, लेकिन अज्ञानता का मतलब ही विश्वास है, हे गोपाला—मैं यह नहीं जानता था।" इतना कहकर वहाँ से उठकर चले गए।

पता ही नहीं चला टहलते-टहलते कब वे गाँव की चौहद्दी से बाहर पहुँच गए थे। वाक़ई गाँव के घुटन-भरे माहौल में उनका दम घुटने लगा था। बाहर आकर जहाँ लाल धूल वाली सड़क मुड़कर शहर की ओर जाती है, वहाँ खड़े हो सामने की ओर देखने लगे। क़रीब ही आसमान को चूमती पर्वत की चोटियाँ थीं। बचपन में दोस्तों के साथ वे पहाड़ों पर गए हैं। एक-आध बार हलवाहों के साथ पैदल या किसी के कन्धे पर बैठकर इन पहाड़ों को पार करके कन्ध लोगों के गाँवों में अरहर, मक्का, घी आदि लाने गए थे। जंगलों में चलते-चलते वे हलवाहों से कहानियाँ सुना करते थे—लकड़ी काटते वक़्त गोविंद के बप्पा को बाघ पीछे से खींचकर इतनी सफ़ाई से ले गया था कि उनके साथ के संगी-साथी जान तक नहीं पाए। एक रोज़ शाम को पड़ोस के गाँव से कोई लौट रहा था कि गाँव के छोर पर मरघट के पासवाले नाला किनारे सफ़ेद कपड़े पहने कोई औरत रास्ता रोके खड़ी थी, उसके घुटने के नीचे का हिस्सा कुछ भी नहीं दिख रहा था। सुनते-सुनते श्यामबन्धु की कल्पना क्रमश: पसरते हुए पहाड़-जंगलों के कोने-कोने तक फैल जाया करती। कल्पना में जंगल के भूत-प्रेत, पेड़-पौधे, पशु-पक्षी काफ़ी आ जाते, उनका कहा मानते।

जब श्यामबन्धु शहर के हाईस्कूल में पढ़ा करते थे, गोरा सिपाही मँगवाकर राजा ने जंगल के सारे बाघ मरवा डाले। स्कूल के बाद जब उन्होंने कॉलेज में दाख़िला लिया उनके मन से गाँव के मरघट के भूत-प्रेत का नामोनिशान मिट गया। पहाड़ी जंगल साफ़ होने लगे थे। रेलगाड़ी में बैठकर वे और भी दूर शहर चले गए, अपनी पढ़ाई पूरी करने। रेल में बैठे-बैठे दोनों ओर धान के खेत, दूर तक फैले मैदान, जंगल व शहर देखकर वे सोचा करते, "अहा, कितनी खुली-खुली है यह दुनिया हमारे गाँव के बाहर।" उन्हें अब तक याद है कि हॉस्टल पहुँचकर नहान घर के फुहारे में अच्छी तरह नहा-धो लेने के बाद बक्से से नया पैंट-क़मीज़ निकालकर पहन लिया था उन्होंने। ऐसा लग रहा था कि गाँव-गली की धूल-मैल व ट्रेन के सफ़र का काला धुआँ सब कुछ धुलकर साफ़ हो गया।

कोई लड़का किसी के खेत से गन्ना तोड़ रहा था। श्यामबन्धु को देखते ही वहाँ से छूमंतर हो गया। शायद पहाड़ से आए दो आदिवासी कमर के नीचे नाम

के लिए कपड़ा, कन्धे पर हाट से लौट रही बहँगी का बोझ, दूर आसमान में डूबते सूरज की ओर देख लम्बे-लम्बे डग भर रहे थे।

पहले की तरह गाँव की हर चीज़ अब किसी क़िस्से-कहानी का हिस्सा नहीं है। श्यामबन्धु दूर खड़े हो भारत की निरक्षर, दरिद्र जनता को निहार रहे थे।

उन्होंने पलटकर देखा। शाम के वक़्त गाँव धुँधला दिख रहा है। केवल उन्हीं के मकान की छत पर अभी तक थोड़ी लाल-सी धूप चिपकी हुई है। सामने सड़क शहर की ओर—दूर शहर की ओर। काश इसी सड़क पर चलते-चलते वे वहाँ लौट जाएँ जहाँ की आबोहवा उन्हें अधिक सुहाती है, जहाँ की घटनाएँ काल्पनिक नहीं, वास्तविकता पर आधारित होती हैं। अचानक मन क्षोभ से भर गया। सालों पहले वे कितनी आशाएँ लिये इसी सड़क से गए थे शहर, क्या मिला उन्हें वहाँ? हरिबन्धु की बात याद आई। हरिबन्धु उनका निकम्मा छोटा भाई। लाख कोशिश करके भी जिसे वे मैट्रिक नहीं लँघा पाए। अब वही तोंद बढ़ाए, सोने के बटन वाला कुर्ता पहने, मोटरसाइकिल पर सवार होकर, बड़े भाई की ग़ैर-मौजूदगी में गाँव का मुखिया बन बैठा है। तिस पर पिताजी से कह रहा था, "पढ़-लिखकर भाई साहब ने कौन-सा निहाल कर दिया? न कुछ पैसा कमा पाए, न ही अख़बारों में फ़ोटो छपे—कहाँ, हमने तो कभी कुछ नहीं देखा। परदेस जाकर सिर्फ़ अपने परिवार की देखभाल ही कर पाए। मुझे भी उसी ओर खींचा जा रहा था। अब हमें ही देख लो कौन-से बुरे जी रहे हैं?"

छोटे भाई की बातें वे हँसकर टाल देते, उसकी पीठ थपथपा देते, यदि उन्हें मनचाही खुली रोशनी, साफ़-सुथरी ज़िन्दगी मिली होती।

कैनाल के किनारे चलते-चलते थककर वे एक पत्थर पर बैठ गए। पानी में तैरती नन्ही-नन्ही मछलियों पर उनकी निगाह पड़ी। उन नन्ही मछलियों को देखते-देखते श्यामबन्धु पुन: अपने बचपन के दिनों में लौट गए। न जाने कब पहाड़ की काली छाया पानी पर पसर गई, एक-एक करके आकाश के तारे पानी में झूलने लगे। किसी की आवाज़ सुनकर चौंकते हुए ठोड़ी से अपनी हथेली हटाकर जब सिर उठाकर देखा, हल्के अँधेरे में कुछ ही दूरी से पहचानी-पहचानी सी आवाज़ में किसी ने फिर से आवाज़ दी, "कौन बैठा है, भैया?" श्यामबन्धु ने उठते हुए मुस्कराकर जवाब दिया, "मैं हूँ भैया। कौन, विपिन भाई?"

"अरे श्याम! इस अँधेरे में यहाँ नाला किनारे कैसे बैठे हो?"

कुछ सफ़ाई देते हुए श्यामबन्धु उन्हीं के साथ चल पड़े। तारों की रोशनी में गाँव के किनारे बने घास-फूस के छोटे-छोटे मकान एक-दूसरे से सटकर लिपट गए से लग रहे हैं। गाँव के बीचोबीच उनका मकान है। उसके बाद विपिन का मकान। घर पहुँचने से पहले उन्हें एक जगह कुछ लोगों की भीड़ दिखी। विपिन ने कहा, "आज बिंझाल डोम और गोवर्धन की बीबी सोनादेई का फ़ैसला होना है। शायद सुनवाई शुरू हो गई होगी।" कहते-कहते उसकी आवाज़ में ऊष्मा आ गई थी और क़दम जल्दी-जल्दी पड़ने लगे। भीड़ के क़रीब पहुँचकर विपिन ने कुछ झेंपते हुए कहा, "मैं ज़रा फ़ैसला सुनकर जाऊँगा। तुम तो शायद सीधे घर जाओगे?"

दोपहर को एक-आध लोग यह पूछने आए थे कि क्या श्यामबन्धु फ़ैसले में बैठेंगे। श्यामबन्धु ने फ़ैसले में बैठने से मना भर नहीं किया था, बल्कि वे नाराज़ भी हुए थे। इस तरह के सारे फ़ैसले हास्यास्पद हैं, शर्मनाक हैं, कहकर उन्होंने अपनी नाराज़गी भी जताई थी। शायद वही बात याद करके या फिर वह पढ़ा-लिखा है सोचकर विपिन उनके साथ रहकर फ़ैसला नहीं सुनना चाहता था। वहाँ इकट्ठे लोगों के चेहरे व कपड़ों से लग रहा था कि डोम और दुदहा टोला पूरा-का-पूरा उठ आया है वहाँ—औरत, बच्चों समेत। इन दोनों को देख कुछ लोगों ने रास्ता छोड़ दिया। तेल की कमी की वजह से भुकभुका रहे पेट्रोमैक्स की रोशनी में श्यामबन्धु को साफ़ दिख रहा था कि उन्हें देखकर पीछे खिसक रहे सूखे चेहरे कितने गम्भीर हैं। भीड़ के सामने कुछ चमचमाते सफ़ेद कपड़ेवाले लोग इन मैले-कुचैले लोगों के बीच अपनी अलग पहचान बनाए हुए थे। ये थे निर्णायकगण, तीन लोग कुर्सी पर, दो लोग वहीं पड़ी एक ठूँठ पर। बीच में खड़े थे दोनों अपराधी। सोनादेई एक खम्भे से टिककर सिर झुकाए खड़ी थी, छोटी-सी साड़ी इस तरह पहन-ओढ़कर कि उसके दो सुनहरे पैरों के अलावा और कुछ भी नहीं दिख रहा था। उसका पति गोवर्धन भीड़ की पहली क़तार में सिर पर हाथ रखे ज़मीन पर बैठा था। सोनादेई का छह-साल का नंगा लड़का अपने बप्पा के पास बैठा ऊँघ रहा था। बिंझाल डोम बढ़ई का काम करता है, हाथ साफ़ है इसलिए वह मशहूर भी है। सोनादेई को लेकर भाग गया था वह। आज चार दिनों के बाद लौटा है। सफ़ेद अँगोछा पहने सीने पर दोनों हाथ उलझाए थोड़ी दूरी पर वह इस अन्दाज़ में खड़ा है मानो कुछ हुआ ही न हो। उसकी चौथी बीबी मुनरी सत्रह-अठारह साल की युवती, अपने छोटे-से बच्चे को गोद में लिये सहमी-सहमी-सी बैठी थी।

ठीक सामने वाली कुर्सी पर बैठे अपने छोटे भाई को श्यामबन्धु साफ़-साफ़ देख रहे थे। थुलथुले पेट के कारण पंचों के बीच उसकी अलग पहचान बनी हुई थी। चालीस साल की उम्र में ही वह नाती-नतिनी देख चुका था। बीड़ी पीते हुए चिन्तित दिखने की मुद्रा बनाने की कोशिश कर रहा था। गाँव में कोई बाबू-भैया आने पर या गाँव से कहीं बाहर जाने पर वह सिगरेट पीता है, वरना बीड़ी। विक्रम ग्वाला, हरिबन्धु का ख़ास हलवाहा और उसका पिछलग्गू नौकर तन्दुरुस्त है, धोती-क़मीज़ पहनता है, चप्पलें भी पहनता है...खड़े होकर नाटकीय अन्दाज़ में बखान करता जा रहा है, "सुनो बिंझाल डोम! ये जो तुम्हारे सामने महाप्रभु पंच बैठे हुए हैं—ये इनसान नहीं हैं, देवता हैं, साक्षात् ब्रह्मा-विष्णु के अवतार। इनके आगे यदि झूठ बोलेगा तो तेरी जीभ कटकर गिर जाएगी...।"

श्यामबन्धु भीड़ से निकल आए और सिगरेट सुलगाकर घर की ओर चल पड़े। उन्हें पता ही नहीं चला चलते-चलते कब वे अपना घर पीछे छोड़ आए। जब सिर ऊपर करके देखा, वे अपने घर से काफ़ी आगे सुनसान रास्ते पर चले जा रहे थे। पीछे मुड़कर चलते-चलते अब जान-बूझकर अपना मकान पार करते हुए वह पुनः भीड़ के पास आ पहुँचे। अब तक विपिन तथा भीड़ उन्हें भूल चुके थे। सभी गोवर्धन की गुहार सुनने में मगन थे। इस दौरान पेट्रोमैक्स बुझ चुका था। धुँधली चाँदनी में फ़ैसला हो रहा था। किसी-किसी के मुँह में अँधेरे में बीड़ी की आग दिख रही थी। कुछ-कुछ आवाज़ वहाँ तक पहुँच रही थी।

ठंडी हवा में श्यामबन्धु की पलकें बोझिल होने लगी थीं। रह-रहकर सिर झटके खाने लगा था। हल्की-हल्की नींद में कभी वर्तमान में तो कभी बचपन में लौटकर वे फ़ैसला सुनने लगे। गोवर्धन के रुआँसे गले की गुहार—किस तरह पहले दिन खेत से लौटने पर पत्नी को घर पर न पाकर वह बिना खाए-पीए सो गया, दूसरे दिन उसे ढूँढ़ने वह ससुराल गया, तीन दिन बाद अपनी बकरी गिरवी रखकर दरोगा जी से मिन्नतें करने लगा। आगे वह कुछ बोल नहीं पा रहा था, उसकी आवाज़ भर्राने लगी थी, गला रुँधने लगा था। बीच में श्यामबन्धु की हल्की नींद उचटकर गोवर्धन के लिए सोनादेई की झौआ भर अश्लील गालियाँ बह आईं। भीड़ की सारी फुसफुसाहट बन्द हो गई। चारों ओर सन्नाटा पसर गया, कुछ पल के लिए। श्यामबन्धु जाने के लिए उठ खड़े हुए, लेकिन इसी बीच भीड़ में अचानक हँसी का फव्वारा फूट पड़ा और सोनादेई व बिंझाल पर कुछ टिप्पणियाँ आने लगीं। उसके

बाद बिंझाल ने गम्भीर स्वर में सफ़ाई देना शुरू किया। श्यामबन्धु फिर बैठ गए और कुछ ही देर बाद पुनः हल्की नींद में डूब गए।

न जाने कितनी देर बाद कोई उनके पास खड़ा उन्हें जगा रहा था, "बाबू, ओ बाबू, उठो, घर जाओ।"

श्यामबन्धु हड़बड़ाकर उठ बैठे। उन्होंने देखा आधी भीड़ छँट चुकी थी। पंच भी जा चुके थे। श्यामबन्धु ने पूछा, "क्या फ़ैसला हुआ? मैं तो सो गया था।"

अपने सिर पर हाथ फेरते हुए उस आदमी ने कहा, "होना क्या था बाबू? बिंझाल की आदत ख़राब है। पहले भी दो-तीन लोगों की ज़ोरू लेकर भाग चुका है। तीन-तीन बीबियाँ छोड़ चुका है। अब चौथी बीबी मुनरी को ब्याह कर लाया है। बिंझाल से कहा गया कि वह सोनादेई को रखे और अपनी बीबी गोवर्धन को दे दे।

श्यामबन्धु ने अचम्भे से पूछा, "क्यों? मुनरी ने कौन-सा गुनाह किया है? क्या गोवर्धन भी राज़ी हो गया?" उसने जवाब दिया, "महाप्रभुओं ने कहा बाबू, गोवर्धन ग़रीब है इसलिए बिंझाल उसकी ज़ोरू को लेकर भाग गया, अब उसकी जवान बीबी को गोवर्धन रखेगा।"

गोवर्धन पहले की तरह सिर पर हाथ रखे बैठा था। आसपास खड़े लोग हँसी-ठट्ठा में चुटकी ले-लेकर कह रहे थे—"अरे, अब तो उठ जा। दस साल की पुरानी ज़ोरू थी, ख़ुशनसीब है कि उसके बदले जवान बीबी मिल गई।"

गोवर्धन अपने कपड़े झाड़-झूड़कर खड़ा हुआ। मुनरी के पास जाकर कुछ बोला। सिर उठाकर मुनरी ने गोवर्धन की ओर देखा। गोद में सो रहे बच्चे को अच्छी तरह कपड़े से ढक लिया, साड़ी की छोर से अपनी आँखें और नाक पोंछ ली। चाँद की रोशनी में उसका निश्छल चेहरा—कोई सवाल नहीं, कोई क्षोभ नहीं। बची हुई भीड़ को पीछे छोड़कर वे दोनों गाँव की ओर चल पड़े।

परिचित हवा

नमिता ने दरवाज़ा खोला तो देखा, सामने रणजीत था। कच्ची नींद का आलस एकाएक चला गया, जमुहाई भी अधूरी रह गई।

"पहचान नहीं रही हो?"

"पहचान रही हूँ। रणजीत!"

रणजीत मुस्कराया। पहचानी-सी मुस्कराहट—

"क्या इसी तरह बाहर खड़ा रखोगी?"

"अरे, आओ-आओ। अन्दर आओ।"

ख़ुद पीछे-पीछे चलते हुए नमिता ने अपने ड्राइंग रूम में एक तिरछी निगाह डाली। सोच रही थी क्या कहे, इतने दिनों के बाद अचानक इस तरह क्या कहा जाता है?

"बैठो! इतने दिनों के बाद..."

"पहले पहचान नहीं सकीं, है न?"

"नहीं तो। मतलब अचरज में पड़ गई। इस तरह एकाएक।" वह यह तय नहीं कर पाई कि क्या कहे। असमंजस में बस ज़रा मुस्करा दी।

"किसी काम से नहीं, यों ही चला आया। तुम्हें आश्चर्य हो रहा होगा, क्यों?" नमिता के अपना पक्ष रखने से पहले ही वह बोल उठा, "आज दफ़्तर से कुछ जल्दी चला आया। पता चला कि यह मकान तुम्हारा है सो न जाने क्यों आज मन किया तुमसे मिलता चलूँ, इतने दिनों के बाद।"

थोड़ी देर ख़ामोशी छायी रही। दोनों शायद तलाश रहे थे क्या बातचीत की जाए। रणजीत ने पहले पूछा, औपचारिक कुशल-क्षेम। नमिता ने जवाब दिया और

फिर अपनी ओर से सवाल किया। रणजीत ने नमिता की गृहस्थी के बारे में और कुछ भी पूछा और जब उसकी बारी आई तो अपने दोनों हाथ उठाते हुए नाटकीय अन्दाज़ में कहा, "बाप रे बाप! बच गया, अभी तक गृहस्थी शुरू नहीं की। फिलहाल कोई चांस भी नहीं।"

"क्यों?"

जवाब ज़रूरी नहीं था। दोनों खुलकर हँसे। हँसी रुकने के बाद नमिता की नज़र अपने हाथ के नाख़ूनों पर गई—सब्ज़ी काटते-काटते उनके किनारे काले पड़ चुके थे। इस बार रणजीत ने कुछ सहज होते हुए कहा, "तुम तो शायद काफ़ी दिनों से यहाँ हो? लगता है, एक बार तुम्हें मार्किट में भी देखा था।"

"सच! मिले क्यों नहीं?"

ऐसा नहीं था कि नमिता ने भी रणजीत को न देखा हो, स्कूटर से आते-जाते या फिर सिनेमा हॉल से निकलते वक़्त। दोनों को मालूम था कि वे काफ़ी दिनों से इसी शहर में हैं और दूर से एक-दूसरे को देख चुके हैं। क़रीब पहुँचकर बातचीत करने का ख़याल अभी तक किसी को नहीं आया था। नमिता ने खड़े होते हुए कहा, "तुम ज़रा बैठो, मैं अभी आई।"

नमिता अन्दर चली गई। रणजीत ने दीवार पर टँगे कैलेंडर में बने किसी ठंडे देश के बर्फ़ से ढके पर्वत और पतझड़ के पेड़ों को देखा, फिर ताक़ में रखे खिलौनों को देखने लगा। वहीं एक ओर नमिता की फ़ैमिली फ़ोटो रखी थी और दूसरी ओर उसकी सिंगल फ़ोटो, शायद कॉलेज के दिनों का। फ़ोटो में कॉलेज के दिनों की नमिता मुस्करा रही थी—कॉलेज के बरामदे वाली अल्हड़ नमिता, क्लास में आँखें मिलने पर सिहरा देनेवाली नमिता, सरस्वती-पूजा के समय की चंचल नमिता।

नमिता चाय का पानी चढ़ाकर बेडरूम में आई। ड्रेसिंग टेबुल के सामने खड़े होते ही एकाएक एक अजीब-सी ग्लानि व हताशा ने उसे घेर लिया। उसका गदराया बदन और झुलसाया चेहरा क्या रणजीत की निगाहों में पड़ गया होगा? इतने दिनों के बाद क्या उसने यह फ़र्क़ कुछ ज़्यादा महसूस किया होगा? बालों में ज़रा कंघी करने के बाद चेहरे पर पाउडर का पफ़ फेर लिया। माथे की लाल बिंदी कुछ गाढ़ी करने के बाद साड़ी की सलवटें ठीक करने पर भी उसे सन्तोष नहीं हुआ। कई एक बार अपने चेहरे को अलग-अलग तरफ़ से देखने के बाद वह अपने होंठों पर एक दबी-सी मुस्कान लाई। उसकी मुस्कान अब भी सुन्दर है।

"क्या देख रहे हो वहाँ?"

रणजीत ने मुड़कर उसे देखा। चाय की ट्रे रखते हुए नमिता मुस्करा रही है। वही फ़ोटोवाली पुरानी मुस्कराहट, कॉलेज के बरामदे पर आँखें मिल जानेवाली मुस्कराहट।

"तुम्हारी तसवीर देख रहा था।"

"अच्छा।" और ज़रा मुस्कराते हुए।

"तुम ज़्यादा नहीं बदली हो, नमिता। जानती हो, तुम्हारी..." कुछ सकुचाकर ख़ुद को रोकते हुए रणजीत सोफ़े पर बैठ गया।

"हाँ, क्या कह रहे थे, तुम्हारी...?" उसकी ओर चाय बढ़ाते हुए सहज भाव से नमिता कह रही थी।

उसके होंठों पर अभी थोड़ी मुस्कराहट थी।

"तुम्हारी मुस्कराहट बिलकुल पहले जैसी है। तुम्हारा चेहरा भी नहीं बदला।"

"अच्छा!" इस बार नमिता मुस्कराई। बनकर नहीं, खुलकर, एक़दम सहज।

थोड़ी-सी चुप्पी। असहजता मिटती जा रही थी। अब दोनों को बात नहीं ढूँढ़नी पड़ी, चुपचाप चाय पीते हुए वे दोनों कुछ वर्ष पीछे चले गए।

"अरसा बीत गया, है न?"

पीछे की ओर टिकते हुए नमिता ने कहा, "कॉलेज छोड़ने के बाद मैं फिर कभी कॉलेज की ओर नहीं गई। कभी-कभार मन होता है—मौक़ा नहीं मिल पाता। तुम तो जाते ही होगे बीच-बीच में।"

"नहीं, मन नहीं करता।" तपाक से जवाब दिया रणजीत ने! थोड़ी देर रुककर फिर बोला, "अच्छा हुआ नमिता, जो तुम्हें जाने का मौक़ा नहीं मिल पाता। कॉलेज की ओर जाने पर वह जगह कुछ नई-नई और अजीब-सी लगती है। वही जगह इतनी पुरानी, फिर भी नई। कोई पहचाननेवाला नहीं, मिलने पर एकाध पुराने लेक्चरर यों ही सवाल कर बैठेंगे—क्या कर रहे हो आजकल? तुम्हारे जवाब से उन्हें कोई मतलब नहीं। एक तरह सूना-सूना-सा लगता है, लगता है, तुम ठगे गए हो—तुम पहचानते हो, परन्तु वह नहीं पहचानता।" थोड़ा रुककर भावुक होते हुए उसने कहा, "बात क्या है जानती हो नमिता, यादें बिल्डिंग में तो होती नहीं, वह तो होती हैं लोगों में—वहाँ जहाँ अपनी यादों की परछाईं होती है।

नमिता की सजगता अब जा चुकी थी और उसे रणजीत के चेहरे पर अपनी यादों की परछाईं दिखलाई दे रही थी।

चाय का कप रखते हुए रणजीत ने दूसरा सवाल किया, "आजकल तुम गाना तो गाती हो न, नमिता?"

नमिता क्या जवाब दे, तय नहीं कर पाई। एक चौंका देने-सी घुटन। हँसने की कोशिश करते हुए उसने जवाब दिया, "नहीं। अब उन सबका कोई मतलब नहीं।"

"कोई मतलब नहीं?" अवाक् होने-सा रणजीत ने पूछा। भारी गले से अपनी आवाज़ को महसूस करते हुए-सा उसने कहा, "रियाज़ मत छोड़ना, समझी? गाना बिलकुल मत छोड़ना। हर किसी में नहीं होता यह टैलेंट। इसके अलावा... संगीत केवल दूसरों के लिए ही नहीं, ख़ुद की ख़ुशी के लिए भी होता है—कई डेसोलेट घड़ियों में—तुम तो अपने अनुभव से जानती ही होगी, भला मैं क्या बताऊँ? और तुम्हारी इतनी मीठी आवाज़—मुझे अच्छी तरह याद है। अपने एनुअल फ़ंक्शन के दिन तुमने जो गाना गाया था, तुम्हें याद है न। (गाने की लाइन याद करने में असफल होते हुए) मुझे अभी तक याद है। यह अभ्यास तुम कभी मत छोड़ना, समझी?"

फिर ख़ामोशी। नमिता कुछ हद तक खोई हुई-सी थी। रणजीत का ध्यान कहीं और होने का फ़ायदा उठाते हुए नमिता ने उसकी ओर देखा—इस साधारण चेहरे के नीचे इतने सूक्ष्म अनुभव। कॉलेज में पढ़ते समय कुछ दिनों तक रणजीत उसे बहुत अच्छा लगा था। उन दिनों में कुछ-कुछ क़रीब भी होने लगे थे दोनों। उसके बाद अजय। अजय से उसका परिचय मँगनी के बाद ही हुआ। और फिर रणजीत उसके जीवन में नहीं रहा। पर क्या रणजीत...।

"अच्छा नमिता, मैं चलता हूँ।"

नमिता ने रोकते हुए कहा, "इन्हें आ जाने दो, मुलाक़ात करते हुए जाना।"

रणजीत ने घड़ी की ओर देखा, आज उसे कहीं काम था, फिर किसी दिन आएगा तो नमिता के पति से मिल लेगा और उसके बच्चों से भी। बाहर जाते हुए रणजीत को नमिता ने फिर एक बार कहा, "ज़रूर आना।" रणजीत ने पूछा, "औपचारिकतावश कह रही हो या वाक़ई चाहती हो कि मैं आऊँ?"

"मेरे चाहने से क्या तुम दुबारा आओगे?" नमिता ने पूछा।

"ज़रूर आऊँगा, पर तुम भला मुझे क्यों याद करोगी! हम-जैसों की ज़िन्दगी तो निस्संग है।"

रणजीत की आँखों में झाँकते हुए नमिता ने कहा, "एक तरह से मेरी ज़िन्दगी भी निस्संग है। ऐसी सूनी दुपहरी में मुझे भी पुराने दोस्तों की याद आती है।"

रणजीत मुस्कराया, स्वीकृति और आत्मविश्वास-भरी मुस्कराहट। दरवाज़ा बन्द करते समय रणजीत विदाई में सिर हिलाते हुए मुस्कराया और नमिता को लगा कि रणजीत की हँसी भी अच्छी है—एक तरह की साफ़-सी हँसी।

नज़रों से ओझल होते रणजीत को देख नमिता सोच रही थी—शायद फिर से दोनों में अब मुलाक़ात हो ही नहीं न जाने कितने दिनों तक। कौन जाने, रणजीत किस तरह दिन बिता रहा है। अब तक उसने शादी नहीं की। कॉलेज के दिनों में कुछ-कुछ दिनों के लिए कई लड़कियों से दोस्ती किया करता। उसमें एक तरह की आत्मीयता होती थी सबके साथ, इसीलिए सहज ही वह सबका मित्र बन जाता। पर कुछ आगे बढ़ते ही रणजीत फीका पड़ने लगता।

रणजीत रास्ते में बिला गया। दिन-प्रतिदिन सूनी दुपहरियों में बचपन और कॉलेज के दिनों की सोची हुई बातें मिलकर एक विशाल सुन्दर पेंटिंग में बदल चुकी थीं। रणजीत के साथ कई और (अब जिनसे मुलाक़ात तक नहीं) एक-एक तसवीर थी उसमें। दरवाज़ा बन्द करते हुए नमिता को अजीब-सा लगा था अचानक इस तरह रणजीत का तसवीर से निकलते हुए जीता-जागता बन जाना।

"क्या बात है, आज बहुत ख़ुश हो?" टाई का नॉट खोलते हुए अजय ने कहा। चाय-नाश्ता लगाते हुए नमिता अनजाने ही कोई गीत गुनगुना रही थी। गाना बन्द करके उसने ख़ुशी भरे अन्दाज़ में कहा, "ठहरो! तुम्हारे लिए एक बढ़िया सरप्राइज है।"

"क्या? लगता है, आज कुछ बढ़िया नाश्ता बनाया है।"

"हाँ, सो तो है—इसके अलावा भी।"

"क्या?"

"बाबुली का रिजल्ट आ गया है। वह क्लास में फ़र्स्ट आया है।" अजय का चेहरा भी मुस्कान से उजला हो गया। होंठों पर मुस्कराहट फैल गई। ख़ुशी के मारे वह बाबुली को आवाज़ देने लगा।

चाय-नाश्ते के बाद अजय सुबह का पुराना अख़बार पलटने लगा। कुछ गुनगुनाती हुई ड्राइंग रूम की ताक़ सजाते हुए नमिता अपने कॉलेज के दिनों की तसवीर देखने लगी। होंठों पर तब की मुस्कराहट में कितनी ताज़गी थी। अजय के

हाथ से अख़बार छीनकर उसने रख दिया। अपनी हँसी से उसे चौंकाते हुए बोली, "यह अख़बार तो तुम सुबह पढ़ चुके हो। चलो, आज कोई पिक्चर देखने चलें। देर भी नहीं हुई है।"

अजय चकित होने के साथ ख़ुश भी हुआ।

"क्या बाबुली के रिजल्ट की वजह से इतनी ख़ुशी है?"

"बेशक! आज उन दोनों को भी ले चलेंगे, अब उठो भी।"

कपड़े बदलते हुए अजय ने कहा, "तुम काफ़ी मोटी हो गई हो नमिता, अब ज़रा डाइटिंग भी करो।"

"मानो ख़ुद जैसे एवरग्रीन हो।"

अपने मोटापे की बात छेड़ने पर नमिता इस तरह हल्के ढंग से जवाब नहीं देती। आज वह ख़ुश है।

"लेकिन तुम्हारी मुस्कान अब भी सुन्दर है, नमी।"

जवाब में फिर मुस्कराहट।

सिनेमा से लौटने के बाद खाना खाते-खाते एकाएक नमिता ने कहा, "अरे हाँ, मैं तो बताना ही भूल गई—आज रणजीत आया था।"

"कौन रणजीत?"

"रणजीत मेरा क्लासमेट था। अच्छा स्पोर्ट्समैन। एक बार तुमसे मुलाक़ात हुई तो थी।"

"याद नहीं आ रहा।" नमिता की बात पूरी हो ही नहीं पाई थी कि बीच में ही मुँह में कौर भरे हुए अजय ने कहा, "क्यों आया था, कोई काम था?"

"नहीं, हाल ही में यहाँ आया है। मिलने चला आया था। तुमसे मिलना चाहता था। उसे देर हो रही थी, कहा कि फिर कभी आएगा। और थोड़ी सब्ज़ी दूँ? मीता, तुम्हें भी?" नमिता के चेहरे पर पुरानी पेंटिंग का कुछ रंग छिटक आया था।

होटल से खाना खाकर लौटने के बाद कुर्सी पर बैठे टेबुल पर पैर पसारकर अँधेरे कमरे से खिड़की के बाहर पुराने शहर को देखते हुए रणजीत कुछ सोच रहा था। आज शाम से ही कुछ ख़ाली-ख़ाली सा लग रहा था, हालाँकि नमिता के घर से लौटते वक़्त वह ख़ुश था। अँधेरे में मच्छरों की भनभनाहट सुनाई दे रही

थी। खिड़की के उस ओर शहर था, इस ओर अकेलापन। कॉलेज के दिनों में उसे कभी अकेलेपन ने नहीं कचोटा। क्या नमिता को कभी अकेलापन महसूस हुआ है? आज दोपहर को शायद उसे अकेला लग रहा था। नमिता का फ़ैमिली फ़ोटो—किसी बग़ीचे में नन्ही बिटिया को अजय ऊपर उठाए हुए है, नमिता और उसके छोटे-से बेटे की नज़र उसी पर है। सबके चेहरे पर खुली हँसी है। नमिता मोटी हो गई है। काफ़ी बदल चुकी है। कॉलेज के दिनों में नमिता उसे ख़ूब अच्छी लगती थी, हालाँकि शादी के बारे में उसने कभी वैसा सोचा नहीं था। कॉलेज के दिनों में प्रीतिलता उसे सबसे अच्छी लगने लगी थी। पर वह तो हर वक़्त अपनी ऐंठ में रहती थी। रणजीत समझ नहीं पाता था कि उसके सामने किस तरह अपनी बात कहे। कॉलेज छोड़ने से पहले ही प्रीतिलता की शादी हो गई। रणजीत को शादी का कार्ड तक नहीं भेजा।

नमिता स्मार्ट थी, चार्मिंग थी, गाना गाती थी। अब भी है, कुछ-कुछ। अब भी नमिता एकान्त दुपहरी में उसे याद करती है। फ़िज़ूल की बातें हैं। फ़ोटो में वह अपने छोटे-छोटे बच्चों के साथ हँस रही थी। बग़ल के सोफ़े पर उसकी बिटिया की बदरंगी गुड़िया पड़ी थी। हालाँकि दोपहर को उसके पति दफ़्तर जाते हैं और बच्चे स्कूल। सुनसान अकेली दुपहरी। कॉलेज के बीते दिनों की याद आना नामुमकिन नहीं था।

रणजीत ने टेबुल-लैंप का बटन दबाया। टेबुल और कमरे के कुछ हिस्से में उजाला फैल गया और खिड़की के बाहर का शहर फीका पड़ गया। लिफ़ाफ़ा उठाकर रणजीत ने फ़ोटो निकाला। लड़की देखने में बुरी नहीं है, लम्बी-लम्बी भौंहें, मीठी-मीठी मुस्कान। नाक उतनी सुन्दर न होने पर भी चेहरा बुरा नहीं है। रंग गोरा होगा तो सुन्दर भी होगी। सेकेंड ईयर में पढ़ती है। नमिता से काफ़ी छोटी उम्र की है। देखने की ज़रूरत नहीं, बस यहीं हामी भर देना ठीक रहेगा।

मानिनी का फ़ोटो ड्राअर में रखते हुए लेटर पैड सामने रखकर उसने पेन खोला।

दीवाली

सुबह के दस बजे होंगे, बिस्तर पर बैठते हुए मनोज ने अपने आगे सूटकेस की अध-बिखरी चीज़ों की ओर देखा।

आज जैसे दिन को भला क्यों बरबाद करने पर तुली हुई है बीनू? वह चाहती तो इस छोटी-सी अप्रिय घटना को नज़रअन्दाज़ कर सकती थी। ऐसा हुआ होता तो इस वक़्त बाथरूम में उसके नहाने के शॉवर के साथ गाने की हल्की-हल्की गुनगुनाहट भी सुनाई देती। इतने दिनों से सूना पड़ा घर हुलस उठता।

क्या वह चाहती है कि घर न हुलसे? तो फिर जब से आई है, उसी की ओर से कमी क्यों पड़ रही है?

बीनू आज सुबह की ट्रेन से आई है, मायके गई थी, दीवाली मनाने। मैं उसके आने का बड़ी बेताबी से इन्तज़ार कर रहा था। कल रात बार-बार नींद टूटने पर मैंने बीनू को ही चाहा था। आज सुबह प्लेटफ़ॉर्म पर ट्रेन पहुँचने के कुछ ही सेकेंड के अन्दर जैसे ही मेरी नज़र उस पर पड़ी, क्या पूरी ट्रेन समेत स्टेशन की भीड़ मेरे लिए ओझल नहीं हो गई थी? ट्रेन रुकते ही दरवाज़े पर खड़ी हो उसने मेरी ओर हाथ हिलाया। उसका दूसरा हाथ भी सुराही सहित आधा उठ गया था शून्य में। मानो वह छोटे बच्चे की तरह मेरी गोद में कूदने ही वाली हो।

नीचे उतरते ही उसने सबसे पहले पूछा, "ठीक तो हो न?" और इसका 'हाँ' में उत्तर मिलते ही बोल पड़ी, "तो फिर टेलीग्राम क्यों किया था?" मेरे इस बार के जवाब, महज़ मेरी मुस्कराहट से वह सन्तुष्ट हुई-सी नहीं लगी।

लौटते वक़्त मैंने कार में पूछा, "तुम्हें दीवाली से पहले लौटना पड़ा, क्या इसीलिए दुखी हो?"

न जाने उसने सुना या नहीं, बस उसी तरह बाहर देखती रही। दोबारा वही सवाल करने का साहस नहीं जुटा पाया। इसलिए पूछा, "बेटे को छोड़ आई, तुम ऊबोगी तो नहीं?"

उसी तरह बाहर देखते हुए उसने जवाब दिया, "यह तो तय हुआ ही था कि उसे इस बार छोड़ आना है। वहाँ स्कूल में नाम लिखवा तो आई हूँ।"

हालाँकि मेरे सवाल का यह जवाब नहीं था, फिर भी मैंने और कुछ नहीं कहा। उसका एकटक बाहर की ओर देखता चेहरा कुछ उदास लग रहा था। मुझे अपने बेटे का चेहरा याद आ गया, और गाड़ी रोककर बीनू को अपने सीने से लगाकर प्यार करने की इच्छा हुई। वह भी नहीं किया।

मैंने कहा, "धान के खेत बहुत सुन्दर लग रहे हैं, है न बीनू? मगर आज स्टेशन जाते वक़्त मैंने इस ओर ज़रा भी ध्यान नहीं दिया जानती हो।" इस बार बीनू मेरी ओर देखकर थोड़ा-सा मुस्कराई, "इस तरह टेलीग्राम न करके कुछ दिन पहले आने के लिए चिट्ठी लिख दी होती तो क्या नहीं चलता? कम-से-कम मैं इतनी परेशान तो न होती।"

मैंने उसके हाथ-पर-हाथ रखते हुए कहा, "आई एम सॉरी बीनू।" और उसके बाद कैफ़ियत देने की सोचते हुए कहा, "दीवाली क़रीब आते ही घर सूना-सूना-सा लगने लगा, सच कहता हूँ। बहुत मन किया कि दीवाली में तुम लौट आती तो इकट्ठे मनाते।"

बीनू कुछ मुस्कराई, और उसने अपना हाथ मेरे हाथ के नीचे से आहिस्ता से खींच लिया अपने बाल सँवारने के लिए, पर मुझे लगा कि उड़ते बालों को सँवारना ही उसका मतलब नहीं था।

घर पहुँचते ही उसने हर बार की तरह अपना सामान गाड़ी से उतरवाकर अन्दर रखवाया। मुझमें सब्र नहीं था। उसका हाथ पकड़कर खींचते हुए उसे दिखलाने लगा, और कहा, "देखो, तुम्हारे आने की ख़ुशी में घर कितना सजा है।" उसने चारों ओर घूमकर पुरानी चीज़ों को नये तरीक़े से सजा हुआ देखा और ख़ुश हुई। मैंने बेडरूम में पूछा, "बताओ तो, यहाँ क्या नया देख रही हो?"

फूलदान की ओर देखकर उसका चेहरा खिल उठा। उसने कहा, "वाह, इतने ख़ूबसूरत फूल कहाँ से लाए?"

"अब भी तुम एक चीज़ नहीं देख पा रही हो।" मैंने कहा और उसे दीवार की ताक़ पर नये फ्रेम देखने का इशारा किया, जो दो साल पहले बेटे के हाथ से

टूट गया था। बीनू फ़ोटो के क़रीब गई और उसे दोनों हाथों में उठाकर मुस्कानभरी निगाह से देखने लगी।

जब बीनू सूटकेस से अपना सामान निकाल रही थी, मैंने पूछा, "बेटे को छोड़ तो आई हो बीनू, पर अब तुम्हें घर में ज़्यादा बोरियत नहीं होगी?"

खुले बक्से से नज़र उठाकर आँखों से चिनगारी बिखेरते हुए बीनू ने जवाब दिया, "अच्छा तो मेरे बोरडम का इतना ख़याल है, क्यों! इसीलिए बिना वजह दीवाली से पहले बुला लिया।"

उसका फक सफ़ेद चेहरा ग़ुस्से से लाल पड़ गया था। नथुने फुलाते हुए वह वहाँ से उठी और अपने कपड़े लेकर बाथरूम में चली गई। कुछ दिन पहले जब मैंने उसे लौट आने के लिए चिट्ठी लिखी थी, तब उसने लिखा था कि काफ़ी अरसे के बाद इस बार वह दिल्ली में दीवाली मनाना चाहती है।

दोपहर का समय। बीनू अकेली डबल बेड पर लेटी हुई करवटें बदल रही थी, और उसकी आँखें सीलिंग फ़ैन, खिड़की के बाहर के दरख़्तों जैसी कई जगहों पर तैरती हुई बार-बार दीवार की नॉक में मढ़ाकर रखी फ़ोटो पर टिक जाती थी।

बेडरूम में अपनी शादी की तसवीर लोग क्यों रखते हैं? ख़ुद को याद दिलाने के लिए, नियंत्रण में रखने के लिए, आश्वासन देने के लिए?

घर सजा हुआ है। फूल सजे हैं। सब कुछ हुआ है मेरे स्वागत के लिए, मुझे ख़ुश करने के लिए। टेलीग्राम भेजकर मुझे बुलाया गया है, इस घर में जल्द ही मुझे पाने के लिए।

कल ट्रेन में मुझे इतनी घबराहट हो रही थी कि अपने घर का ज़रा-सा भी ख़याल नहीं आया। यहाँ तक कि पहली बार छोड़कर आई पिक्कू के बारे में भी मैंने नहीं सोचा। रात भर मुझे नींद नहीं आई। कई बार पर्स से टेलीग्राम निकालकर पढ़ा, "जितनी जल्द हो सके लौट आओ प्लीज़।" क्या हुआ होगा! तबीयत ख़राब? या महज़ बचकानापन। शुरू के दिनों-जैसी शरारत, पिताजी ने कहा था, कोई वजह तो लिखा नहीं है बेटी, दीवाली बाद चली जाना।" घबराहट हो रही थी। टेलीग्राम क्यों किया है उन्होंने? वाक़ई कहीं तबीयत ख़राब न हो गई हो, कहीं मैं घबरा न जाऊँ, यह सोचकर साफ़-साफ़ नहीं लिखा है। भला इससे ज़्यादा और क्या लिखते?

प्लेटफ़ॉर्म पर गाड़ी धीमी होते ही कलेजा धड़कने लगा। शायद मनोज नहीं आ पाए होंगे, सिर्फ़ ड्राइवर लेने आया होगा। तभी भीड़ में चटाक से दिख गया था उनका चेहरा। ट्रेन के साथ-साथ कुछ दूर तक वे लगभग दौड़ते रहे, ज़ोर से आवाज़ भी लगाई थी, "बीनू!"

जब कुली सामान उतार रहा था तो वे मुझे सिर से पैर तक निहारते रहे। उस निश्चिंतता में भी मुझे आश्चर्य हुआ, कितने दिनों के बाद उनकी ऐसी निगाह मैं देख रही थी। वही बचकानी खुली हँसी, चौड़ा चौकोर चश्मावाला चेहरा। पिछले साल मेरा ख़रीदा टी-शर्ट पहने थे। 'भड़कीले रंग का है' कहकर कभी पहनते नहीं थे, न जाने कहाँ से ढूँढ़-ढाँढ़कर फिर निकाला है।

लेकिन उसके बाद कार में बैठ सँकरी ऊबड़-खाबड़ सड़क से चालीस मील दूर सड़ियल खदानी-क़स्बे की ओर चलते ही मन क्षोभ से भर जाने-सा लगा। दीवाली से ठीक एक दिन पहले, घर छोड़, दिल्ली छोड़, सूखी, उजाड़, अंट-शंट लोगों से भरी कॉलोनी में चली आई।

क्या ज़रूरत थी मुझे इस तरह बुलाने की? ख़ुशी से दीवाली बिताने, इतने दिनों के बाद मुझे अपने शहर के साथी-सहेलियों के बीच त्योहार मनाने नहीं दे सकते थे? कहते हैं कि अकेलेपन की वजह से बुला लिया। मानती हूँ कि नाराज़ होना मेरा स्वार्थीपन है। बल्कि पत्नी के रूप में तो मुझे गर्व होना चाहिए कि इतना बेताब होकर उन्होंने मुझे चाहा है। फिर भी जान-बूझकर उन्होंने मेरी ज़रा-सी ख़ुशी को क्यों बर्बाद करना चाहा? क्या यह बात उनसे छिपी है कि यहाँ कभी भी मेरा समय ख़ुशी से नहीं बीता? या अपनी ओर से कभी कोई कोशिश ही की है उन्होंने उसके लिए? बल्कि मनोज ने तो मेरा दुख बढ़ाया ही है, अपनी ख़ुशी के लिए, शौक़ के लिए।

कुछ दिनों तक दिल्ली में रहकर मैं अपना दुख-कष्ट भूल चुकी थी। यहाँ का उबाऊ जीवन, घिसे-पिटे निश्चित आनेवाले दिन सारा-कुछ भूलने लगी थी। इतने निर्मम होकर मुझे इस त्योहार के दिन न बुलवाया होता तो इनका क्या बिगड़ जाता? क्या घट-बढ़ जाता अगर और दो-चार दिनों के बाद टेलीग्राम किया होता! या साधारण सा पत्र ही लिख दिया होता!

और अब देखो। ज़ाहिर है उनकी आशा के अनुरूप मैं अपने घर वापस लौटकर आनन्द-उत्साह से झूम नहीं रही हूँ। इसका मतलब यह तो नहीं कि खाना खाते

ही गाड़ी लेकर अकेले ही कहीं निकल जाएँ। त्योहार के दिन मुझे घर पर अकेला छोड़कर सिर्फ़ 'बाज़ार की ओर जा रहा हूँ' कह देना ही उन्होंने पर्याप्त समझा।

अपराह्न में मनोज अन्दर बरामदे में चहलक़दमी कर रहा था। नौकरानी द्वारा रखकर गई ट्रे में चाय का पानी ठंडा हो रहा था।

कुछ देर बाद शाम होगी। कहीं-कहीं तो पटाखे फूटने भी लगे हैं। बीनू मुँह फुलाए कमरे में बैठी है। पिक्कू नहीं आया है, नहीं तो कम-से-कम उसी के लिए त्योहार मनाया जा सकता था। पिक्कू को बीनू यहाँ नहीं रहने देगी। यहाँ की आबोहवा, दोस्त-यार अच्छे नहीं मिल सकेंगे। इसलिए जन्म से अब तक अपना आधा समय पिक्कू ने दिल्ली में ही बिताया है। अब तो शायद उसका अधिकतर समय वहीं बीतेगा। बीनू ख़ुद भी यह जगह छोड़कर जा पाती तो कितना ख़ुश होती, मैं जानता हूँ।

मैंने बीनू को चाहा था, अब भी चाहता हूँ। उसका पतला-गोरा चेहरा, चहकती चिड़िया-से हाव-भाव मुझे भा गए थे। छोटे-छोटे शौक़ और अंग्रेज़ी कविताओं से सीखे फ़स्ट्रेशन में हर वक़्त मगन, यूनिवर्सिटी लाइब्रेरी में अनायास ही घंटों बिताने वाली और किताबी शब्दों के लिए धार्मिक ममता लेकर जी रही उस लड़की से मैंने प्रेम किया था। उससे भी मुझे प्रेम का विश्वास मिला था।

इस बदले हुए माहौल में कुछ अलग दिख रही, अब लगभग घरेलू बन चुकी बीनू को मैं अब भी चाहता हूँ।

इस खदानी शहर में वह सुखी नहीं है। महानगर की हवा में ही उसने साँस लेना सीखा था, वहाँ अपने विश्वासों के अनुरूप सूक्ष्म और सुन्दर तरीक़े से जीती थी, कई तरह के हॉबी और शौक़ बनाए थे, और यह उम्मीद करती थी कि आगे चलकर उन्हें पाल-पोसकर पनपाएगी। आख़िर भला मैं उसके लिए क्या कर सकता हूँ?

इसके अलावा यदि वह मुझे चाहती है, तो इस छोटे-से उजाड़ शहर में क्यों नहीं? मेरे साथ होते हुए भी उसमें इतनी हताशा कैसे आई?

और अन्त में रूमा बोस को लेकर उसमें शक, ईर्ष्या और ग़ुस्सा! जगह-जगह से आकर बसे इस शहर के उबाऊ लोगों में रूमा बोस जैसी अकेली लड़की को लेकर अफ़वाहें फैलाना क्या वाक़ई हैरानी की बात नहीं है? जिस बीनू के कभी इतने

स्वतंत्र आधुनिक विचार थे उसकी प्रतिक्रिया अपनी अन्य पाँच पड़ोसी महिलाओं से ज़रा भी भिन्न कैसे नहीं हुई! मैंने उससे कई मर्तबा कहा है कि रूमा से मेरी मुलाक़ात होती ज़रूर है, पर सबके सामने, एकान्त में कभी नहीं। जितना आँखों के आगे दिखता है, उससे ज़्यादा कुछ भी नहीं है मेरे और उसके बीच।

मैं जानता हूँ कि इस बार बीनू उसी नाराज़गी की वजह से ही दिल्ली गई थी। शादी के बाद जब वह यहाँ रहते-रहते बोर हो जाती तो पढ़ाई के बहाने, पिक्कू की आबोहवा बदलने के बहाने कई बार मायके जाकर उसने काफ़ी दिन बिताए हैं। ऐसे में भी कभी-कभी मुझे डर लगता कि वहाँ का आकर्षण ज़्यादा बढ़ गया तो कहीं वह मेरे साथ यहाँ का जीवन एक झटके में तोड़ न दे।

इसीलिए जब वह इस बार गई और उसकी चिट्ठियों के बीच दिनों का फ़ासला बढ़ता गया, मैं चिन्ता छोड़कर आशंकाओं में दिन बिताने लगा। आख़िर में तिलमिलाकर मैंने टेलीग्राम करके उसे बुला लिया। क्या यह मेरे प्यार और निष्ठा का प्रमाण नहीं है?

आज दोपहर दुकान-दुकान घूमकर मैंने सबसे सुन्दर मोमबत्तियाँ, फुलझड़ियाँ, सबसे क़ीमती पटाखे ख़रीदे। मिठाई की दुकान से चुन-चुनकर बीनू की पसन्द की मिठाइयाँ ख़रीदीं, आस-पड़ोस में बाँटने के लिए मिठाइयों के पैकेट भी बनवाए। बीनू को पर्व-त्योहार अच्छे लगते हैं। हर तरह के छोटे-मोटे व्यावहारिक नियम मानकर वह दीवाली मनाना चाहती है, पूछने पर कहती है कि चूँकि बचपन से वह ऐसा अपने घर में देखती आई है, इसलिए।

घर लौटकर सामान-भरा कार्टन ख़ुद ही गाड़ी से उतारकर अन्दर ले आया। आवाज़ देते हुए कहा, "देखो तो बीनू, तुम्हारे लिए क्या लाया हूँ?"

बीनू आ पहुँची थोड़ी देर बाद, मुँह फुलाए हुए अस्त-व्यस्त सी। वाक़ई मुझे ठेस लगी। दीवाली के दिन बीनू ज़रूर नये कपड़े पहनती है, शाम होने से पहले घर-द्वार सजाकर ख़ुद भी सज-धजकर तैयार रहती है।

उसके सामने मैंने कार्टन पर ढका काग़ज़ हटा दिया। एक-एक कर मिठाइयों के पैकेट निकालकर उसके पास टेबुल पर रखे, रॉकेट-अनार-बम का बंडल खोलकर उसे क़रीब खींचते हुए कहा, "यदि तुम मुझे चाहती हो बीनू, तो मेरे साथ दीवाली मनाकर तुम्हें ख़ुशी होगी। मुझसे दूर रहकर नहीं—यहीं तुम्हारे अपने घर में। आज तुम अपने हाथों से दीप सजाओगी, फुलझड़ियाँ छुड़ाओगी, पड़ोसियों को मिठाइयाँ

बाँटोगी, मैं देखूँगा। तुम्हारे लिए अनार जला दूँगा, रॉकेट छोड़ दूँगा आकाश तक। क्या मेरा कुछ भी हक़ नहीं दीवाली में?"

बीनू ने सिर झुका लिया। कुछ नहीं कहा। मुझे लगा मानो उसने मेरी पूरी बात नहीं सुनी, सुनते-सुनते अनमनी हो गई। मैंने कहा, "पिक्कू के बिना घर सूना-सूना लगता है न? मैं भी सोचता था, कुछ भीड़-भाड़ न हो तो पटाखे चलाने में मज़ा नहीं आता।" बीनू ने एकाएक ख़ुद को मेरी बाँह से अलग कर लिया और मेरी ओर सीधे देखते हुए तीखे स्वर में पूछा, "रूमा भी अकेली होगी अपने क्वार्टर में, बुलवा ले? इकट्ठे पटाखे चलाते?"

मैं सन्न रह गया।

और फिर मेरे सिर में ग़ुस्सा चढ़ गया। मैंने कहा, "अच्छा! तो यही है तुम्हारे मन में। यही है तुम्हारी संस्कृति का, तुम्हारी रुचि का, तुम्हारे पढ़े-लिखे आधुनिक मन का असली रूप?"

यह कहते हुए मैं साँय से अपने ऑफ़िस-कमरे में चला गया। फ़ाइलें, पुरानी चिट्ठियाँ खँगालने लगा, ढूँढ़ने लगा और अन्त में पा गया। रूमा की शादी का निमंत्रण-पत्र लाकर बीनू के हाथों में थमा दिया और कहा, "लो पढ़ो, उसकी लव-मैरेज हो रही है। हनीमून से लौटने पर पार्टी देगी।"

बीनू ने कार्ड पढ़ा चुपचाप खड़े हो। उसके बाद कार्ड वहीं नीचे गिराकर बेडरूम में चली गई। मैंने उसे सुनाने के लहजे में पटाखे, फुलझड़ी के कार्टन को एक लात मारी।

शाम ढल चुकी थी। रात होने लगी थी। बीनू बिस्तर पर निश्चल बैठी खिड़की के बाहर आसपास की सजावट और आतिशबाज़ी देख रही थी। शाम से ही ख़ुद को बार-बार याद दिलाने के बावजूद एक दीया तक जलाने को वह नहीं उठ सकी। यह जानते हुए भी कि नौकर आज छुट्टी पर है, उसने रसोई नहीं बनाई। जान-बूझकर ज़िद या ग़ुस्से से नहीं, मानो हाथ-पैर समेत उसका सारा बदन, किसी साँचे में ढले लोहे का बुत बन गया हो।

कौन जाने मनोज बाहर बरामदे में बैठे हैं या अपने ऑफ़िसवाले कमरे में? शायद वे चाहते हैं कि मैं जाकर माफ़ी माँगूँ अपनी ग़लतफ़हमी के लिए शर्मिंदा

होऊँ। मैं उनके पास गई भी तो क्या वाक़ई वे मुझे माफ़ कर देने का दिखावा कर सकेंगे?

आज दीवाली जैसा दिन मैंने बर्बाद कर दिया। उनकी इतनी अच्छी तैयारी मटियामेट कर दी। जान-बूझकर मेटना क्या मुझे अच्छा लगता था? मैं तो हमेशा गढ़ने के लिए हूँ। यहाँ तक कि इतनी तकलीफ़ उठाकर कभी जो कुछ गढ़ा था, मैंने वह सारा अनायास ही तोड़-मरोड़कर फेंक दिया है कुछ और गढ़ने की आस में। जिसे जीना समझा था, विश्वास किया था, वह सब हाथ से खिसककर जाते समय रोका नहीं, जितना हाथ में रह गया, उसी को फिर से गढ़कर पूरा करने की कोशिश की है।

पर जिस काम में गढ़ना सिर्फ़ झूठ-मूठ सा लगे, उससे कुछ भी न बने तो ऐसा परिश्रम करते रहने का मतलब ही क्या है?

जिन दिनों रूमा बोस की बात मेरे कानों में पड़ी थी इनके ऑफ़िस के सारे लोग और हमारे सारे पड़ोसी शायद इन दोनों के सिवाय कोई दूसरी बात करते ही नहीं थे। उसके बावजूद मनोज रूमा बोस के साथ अधिक आगे नहीं गए, यह मैं जानती हूँ। क्यों आगे नहीं गए यह मैं ठीक-ठीक नहीं जानती। हो सकता है इन लोगों को भय रहा हो, या रूमा अपने भविष्य को सोचकर क़दम रख रही हो।

मनोज की रूमा से मिलने की बेताबी, दफ़्तर जाते समय आईने के सामने अपने चेहरे पर नज़र, शाम को काम के बहाने दफ़्तर की ओर चले जाना, मैंने सब कुछ देखा था। सहा भी था, क्योंकि उस परिस्थिति का मुक़ाबला कैसे करना होगा, यह समझ नहीं पाई थी। एक और वजह शायद यह भी थी कि अब मुझे ख़ुद पर पहले जैसा विश्वास नहीं था। मुझमें आकर्षण कम हो जाने के लिए मैं मनोज को दोष नहीं दे पा रही थी।

उसके बाद वह बंगाली लड़का आया, नये असिस्टेंट इंजीनियर के पद पर। सुनने में आया कि रूमा उसके पीछे पड़ गई है, साथ-साथ घूमती है, सिनेमा जाती है उसके साथ। मनोज का रूमा के साथ मेल-जोल मैंने सहा था, लेकिन उसके अनादर से मनोज की ईर्ष्या, उदासी और सबसे बढ़कर उसे फिर मनाने की कोशिश करना मैं सह नहीं पाई। इसीलिए दीवाली से एक महीने पहले त्योहार के बहाने मायके चली गई।

दीवाली! पूरे साल का सबसे बड़ा त्योहार होता है हमारे घर में। महीने भर पहले से तैयारी शुरू हो जाती है। लिपाई-पुताई होने लगती है। होश सँभालने के बाद से मैं भी उस तैयारी में जुट जाती। कुछ दिन पहले से ही दीये धोने, मिठाई

बनाने, पटाखे ख़रीदने में कितना जोश होता था। दीवाली के दिन शाम से ही मैं माँ के साथ बैठ दीये जलाती—सच पूछो तो इतनी ही होती मेरी दीवाली। उसके बाद हमारे बड़े परिवार में बच्चों में पटाखे बाँटे जाते। मैं अपने हिस्से के पटाखे गिन-गिनकर लेती और शिकायत भी करती कि फलाँ पटाखा मुझे नहीं मिला। उसके बाद छत पर दीयों की काँपती-टिमटिमाती रोशनी में, आँखों को चौंधिया देने वाली अनार की रोशनी में, तब किसी की निगाह मुझ पर नहीं पड़ती, मैं अपने हिस्से के पटाखों में से दो-दो चार-चार इसके-उसके लिफ़ाफ़ों में डाल देती। मेरा छोटा भाई कहता—"विद्या-क़सम, मैं पाँच बम फोड़ चुका हूँ, अभी दस और हैं मेरे लिफ़ाफ़े में, न जाने कैसे?" या बड़े भैया माँगते तो ख़ूब अनमनी-सी दो चकरियाँ उन्हें देते हुए कहती, "इसके बदले कल मुझे दो टाफियाँ ज़रूर देना।" उसके बाद धुआँधार धमाके के बीच पूजा-घर के दीये की बाती तेज़ करने या बाथरूम जाती हूँ, कहकर मैं नीचे चली आती तो फिर लौटकर छत पर जाने का नाम नहीं लेती थी।

त्योहार मनाने के लिए क्या मैं किसी से कम मेहनत करती हूँ? हँसी-ख़ुशी की घड़ियाँ साकार करने के लिए जी-जान लगा देती हूँ।

लेकिन इस बार दिल्ली पहुँचने पर मेरा मन एक तरह से ख़ाली हो गया था। मैं यह तक भूल गई थी कि आगे त्योहार है। कई पुराने मित्रों से मुलाक़ात हुई, कोई शादी के बाद पक्का गृहस्थ बन चुका है तो किसी ने मोटा ऐनक लगाकर क्लास-रूम और लाइब्रेरी में जीवन बिताना तय किया है। मन हुआ कि अगर कुछ दिनों के लिए ख़ुद को शादी से पहले की आबोहवा में लौटा ले चलूँ तो अपने पीछे छोड़ आई घर-गृहस्थी, अपने जीवन के सारे झंझटों को कुछ समय के लिए भुला सकती हूँ। लाइब्रेरी जाकर किताबों के बीच मैंने कुछ समय बिताया। फिर वहाँ से सिनेमा, नाटक, कला-भवन का संगीत कार्यक्रम, कुछ नहीं तो सिटी बस से उतरकर चाट खाने में भी मज़ा आता। अपनी घर-गृहस्थी की याद आती तो सोचती, झूठा फ़र्ज़ निभाने के उस दुख और आत्म-पीड़ा से यह हल्का-फुल्का जीवन किस मायने में बुरा है?

उस रोज़ लाइब्रेरी से धीरेन के साथ बस में लौट रही थी। वह अपने स्टॉप न जाकर मेरे स्टॉप पर ही बस से उतर गया था। घर पहुँचने से पहले सड़क किनारे पार्क में हम लोग थोड़ी देर बैठ गए। कॉलेज में पढ़ते समय इसी धीरेन के साथ ख़ूब अड्डेबाज़ी होती थी, तरह-तरह के विषयों पर जमकर चर्चा होती थी। उसके

बाद तो कभी-कभार मुलाक़ात हुई है। किसी गम्भीर चर्चा तक पहुँचने का अवसर ही नहीं मिल पाया, औपचारिक बातचीत तक ही सिमटे रहे।

हरी घास पर हाथ में चनाज़ोर की पुड़िया लिये जब दोनों बैठ गए तब पहले की तरह मैं उसके साथ किसी चर्चा में उलझ गई। बात सामाजिक संस्थाओं से शुरू हुई थी। उसके बाद तीज-त्योहारों की ओर मुड़ गई। बातचीत के बीच मैंने कहा, "त्योहारों का सचमुच के आनन्द से कोई सम्बन्ध नहीं है। फलाँ-फलाँ दिन, तिथि, वार को ठीक ये-ये काम नाप-तौलकर करते हुए आनन्दित होना पड़ेगा। हाँ, सामाजिक जीवन में त्योहारों का महत्त्व है, मैं इस बात से इनकार नहीं करती, लेकिन उसमें खुला आनन्द, मौज़-मस्ती ढूँढ़ना निरर्थक है।"

धीरेन भौंहें सिकोड़े घास तोड़ रहा था। उसे जवाब नहीं सूझ रहा यह सोचकर ज़रा और कुरेदते हुए कहा, "अब देखो, आज तुम्हीं कह रहे थे कि दीवाली के लिए सबके कपड़े ख़रीदने हैं, बिना एडवांस लिये काम नहीं बनेगा—इतनी सारी ज़िम्मेदारियाँ पूरी करने के बाद जब वह शुभ दिन आएगा, सच बताओ, तुम्हें कितनी ख़ुशी होगी?"

धीरेन ने नज़रें उठाकर मेरी ओर देखा, उसका हाथ ठहर गया था। उसने कुछ मुस्कराते हुए कहा, "एक बार दीवाली के दिन हम लोग सुनीता के घर में थे, याद है? मैंने देखा है, तुम्हारी दीवाली कैसी होती है।"

मैं यह नहीं चाहती थी कि चर्चा व्यक्तिगत स्तर पर उतर आए। इस विषय को अहाते के बाहर फेंकने के लिए मैं बात ढूँढ़ ही रही थी कि धीरेन ने कहा, "दीवाली सिर्फ़ सामाजिक या धार्मिक उत्सव, पारम्परिक रीति-रिवाज निभाने का ही त्योहार नहीं है बीनू। दूसरा कोई पटाखे फोड़े तो तुम्हारी तरह कानों में हाथ लगा ज़बरदस्ती झेलना, किसी दूसरे के हाथ से जलती फुलझड़ी लेकर ख़त्म होने से पहले घबराकर फेंक देना दीवाली का मज़ा नहीं है। इस बार मैं तुम्हें पटाखे चलाना बता दूँगा, जलती चकरी को पतले तार में घुमाकर, अपने चारों ओर रंग-बिरंगे आग के वृत्त बनाना सिखा दूँगा। दीवाली एक दिन का स्वच्छंद ख़ुशी का त्योहार है। उस दिन स्वच्छंद होकर ख़ुद को जला, फुला, खिला, बिखरा दिया जाता है कुछ क्षणों के लिए।"

उसी दीवाली के इन्तज़ार की घड़ियाँ गिनते समय यह टेलीग्राम आ पहुँचा। इस वक़्त टेलीग्राम भेजने की क्या ज़रूरत थी? क्या कुछ दिनों के बाद यह नहीं आ सकता था? ऐसा हुआ होता तो अगले कुछ दिनों का रूप कैसा हुआ होता?

लेकिन टेलीग्राम पाने के बाद से मेरे मन के दोषीपन ने मुझे झकझोर दिया था। लौटते समय मैं मनोज के अलावा, उनकी मंगल-कामना के अलावा, और कुछ नहीं सोच पाई थी।

जब मैंने लौटकर देखा कि उनके टेलीग्राम की कोई ख़ास वजह नहीं थी, तब मेरे मन में क्षोभ ज़रूर हुआ, लेकिन मन में एक तरह के गर्व के अहसास को मैं नकार नहीं सकी। लगा मेरी जीत हुई है। आख़िरकार मेरी ही ज़रूरत पड़ी न! मेरे ही साथ के रिश्ते को मनोज ने अधिक महत्त्व दिया, मुझे खो देने के भय से और कुछ सोचे बिना टेलीग्राम भेजकर बुला लिया।

और आज शाम को कितने गर्व से उन्होंने लाकर दिखा दिया, मुझे बुलाने की असली वजह—रूमा की शादी का निमंत्रण पत्र!

मुझसे रिश्ता टूटने के भय से घबराकर नहीं, बल्कि रूमा से अब स्थायी रूप से अलगाव की तकलीफ़, अकेलापन उसे कचोटने लगा था। इसलिए मुझे बुलाया गया है।

रात को सभी घरों के दीये बुझ चुके थे। रह-रहकर कहीं दूर से एकाध पटाखा फूटने की आवाज़ सुनाई दे रही थी। अँधेरे में उड़ रहे खिड़की के पर्दे को अकारण ही ताकते हुए मनोज लेटा हुआ था डबल बेड पर, बीनू से कुछ हटकर।

बीनू यह निश्चित रूप से जानती थी कि मुझे और रूमा को लेकर जो अफ़वाहें फैली हुई थीं, अधिकतर अतिरंजित थीं। रूमा बोस के साथ मैं आगे जा सकता था। नहीं गया। रूमा के लिए मेरे आकर्षण के पीछे सही-सही क्या कारण था, मैं नहीं कह सकता। बीनू का यह आक्षेप लगाना कि अब उसमें मेरी रुचि नहीं रह गई है, पूरा सच नहीं है। रूमा क़रीब होती तो नये रोमांच का मोह शायद कभी-कभी मुझे बेचैन भी करता था, लेकिन मैंने शर्त नहीं तोड़ी—बीनू से रिश्ते की शर्त। बीनू यह बात जानती है, वह मुझे दोषी नहीं ठहरा सकती।

उन दिनों रूमा की बात सुनने पर बीनू की आँखें जल उठतीं, आते-जाते कहीं दिख जाती तो बीनू का चेहरा फक पड़ जाता। "जब मैं यहाँ नहीं रहती हूँ तब तो घर पर ख़ूब डिक्टेशन देते होंगे।" कहते वक़्त उसके नथुने काँपने लगते। सच कहा जाए तो हमारी जीवन परिधि में रूमा के आने के बाद से बीनू ने बीच-बीच में बिना

वजह दिल्ली जाना लगभग छोड़ दिया था। इसीलिए जब इस बार वह आँधी की तरह चली गई और उसने महीने भर तक आने का नाम नहीं लिया तो मैं डर गया।

आज ग़ुस्से में रूमा की शादी का कार्ड ढूँढ़ते समय मैंने अन्दाज़ा लगा लिया था कि रूमा के प्रेम-विवाह के बारे में सुनकर बीनू की क्या प्रतिक्रिया होगी। मुझ पर इतने कटु आक्षेप करने के कारण आश्चर्य होने के साथ ही लज्जित भी होगी, फिर भी इस अचानक आश्वासन से ज़रूर उसके चेहरे पर एक निश्चिंतता फैल जाएगी।

लेकिन ऐसा कुछ नहीं हुआ। हालाँकि पहले उसके चेहरे पर आश्चर्य का भाव उभरा था। फिर उसके हाथ से कार्ड नीचे खिसक गया। और बिना कुछ कहे वह अन्दर चली गई।

सोचा था कि कुछ देर बाद वह कपड़े बदलकर बाहर आएगी। दीये जलाएगी। पर तभी से वह मुँह फुलाए हुए है। मुझसे एक हाथ दूर दूसरी ओर करवट लिये लेटी है। उसके बदन पर हाथ रखने पर कहा, सिर में दर्द है। शायद वह समझ गई है कि रूमा की शादी का कार्ड पाने के बाद ही मैंने उसे टेलीग्राम देकर बुलाने की ज़रूरत महसूस की है। फिर भी, क्या इसमें उसके आश्वस्त होने जैसा कुछ भी नहीं है? समस्या तो दूर चली गई हम दोनों के जीवन से।

या वह आश्वस्त होना नहीं चाहती थी? आख़िर क्यों? किस दीवाली का उसे इतना अफ़सोस है? बीनू का दीवाली मनाना क्या मैं नहीं जानता? पिछले कई वर्षों से देखता आया हूँ, मनाता आया हूँ उसके साथ, उसी की इच्छानुसार। पग-पग पर कहती है—हमारे यहाँ ऐसा होता है, यह इस तरह से नहीं, उस तरह होना चाहिए। इस 'चाहिए' में इतनी स्फूर्ति कहाँ से आ गई?

क्या वह मुझसे दूर रहकर स्वच्छंद हो दीवाली मनाना चाहती थी? बे-रोक-टोक? इसीलिए मेरे टेलीग्राम से, अपने ही घर लौटने से ख़ुश नहीं है—रूमा के हमेशा के लिए दूर चले जाने से भी नहीं?

क्या बीनू चाहती थी कि शर्त मेरी ही ओर से तोड़ी जाए?

व्यूह

शोभा ने रसोईघर से दो क़दम बाहर निकलकर बेडरूम के किवाड़ के अन्दर झाँका, बिस्तर पर मनु नहीं है। बैठक में भी तो नहीं है, लेकिन मोपेड दीवार से टिका हुआ है। चूल्हे पर चढ़ी कड़ाही को भूल तेज़ी से जाकर वह बैठक का दरवाज़ा देख आई। दरवाज़े वैसे ही बन्द हैं। गनीमत है, इसका मतलब बाथरूम में होगा वह। अब शोभा जलाँध छोड़ रही कड़ाही की ओर दौड़ी। रसोई वग़ैरह तैयार करके नौ बजे से पहले दफ़्तर पहुँचना होगा। दो दिन बाद हॉस्टल लौट जाएगा मनु। फिर सुनसान हो जाएगा घर।

मनु हड़बड़ी में आया, रसोईघर के छोटे टेबुल के पास बैठते हुए बोला, "एक कप चाय दोगी माँ, जल्दी।"

सब्ज़ी में करछुल चलाते हुए बेटे की ओर देखकर शोभा ने कहा, "क्यों रे, बड़ी सुबह-सुबह नहा लिया।"

न जाने क्यों मनु को सब्र नहीं था, "एक कप गरम चाय दे दो माँ, प्लीज़ जल्दी।"

"इतनी जल्दी क्यों है? ठहर, आलू-पराँठा बेलकर रखा है मैंने, बना देती हूँ। खाते-खाते चाय पी लेना।"

मनु ने माँ को देखा, उनके दोनों हाथ इतने व्यस्त हैं कि आँखें उठाकर देखने तक की फ़ुरसत नहीं। उसने आनाकानी करते हुए कहा, "नाश्ता बाद में करूँगा माँ! चाय पीकर चला जाऊँ। दस मिनट में लौट आऊँगा, एक बहुत ज़रूरी काम है।"

पराँठे को तवे पर नाहक ही दो-चार बार उलटा-पलटा शोभा ने, कौन जाने जल्दी बन जाएगा सोचकर या जवाब नहीं देना पड़ेगा इसलिए। मनु उनके क़रीब

गया और बोला, "लाओ, चाय मैं बना लेता हूँ। पराँठा बनाकर ढककर रख देना, तुम्हारे दफ़्तर जाने से पहले तो मैं लौट ही आऊँगा।"

शोभा जानती है, मनु की इस लापरवाह ठंडी आवाज़ में ही कुछ होता है। वह ख़ुद पर क़ाबू नहीं रख पाती। पित्त चढ़ जाता है सिर में। सीधे मनु की ओर देखकर पूछा, "कहाँ जा रहा है, ज़रा मैं भी सुनूँ? कल सुबह छह बजे गया था और लौटा आधी रात को।"

मनु ने चाय छानते समय मुँह झुकाकर हँसी रोकते हुए कहा, "रात दस बजे मैं लौट आया था माँ, तुम टीवी का न्यूज देख रही थी!"

शोभा ने अपनी आवाज़ धीमी रखते हुए शब्दों पर ज़ोर दे-देकर कहा, "चल, ठीक है दस बजे। दो दिन के लिए आया है घर, घर में रहने को मन नहीं होता तो आता ही क्यों है? क्या हॉस्टल में तेरे दोस्त नहीं हैं?"

मनु ने गरम चाय सुड़कते हुए कहा, "बिना वजह क्यों चिड़चिड़ा रही हो माँ? क्या पुराने दोस्तों से ज़रा मिलने भी न जाऊँ?" गरम पराँठा प्लेट में रखकर शोभा ने बेटे के चेहरे की ओर देखा, उसे दिखा कि वह घर छोड़कर दोस्त-यारों के बीच जा चुका है, वहाँ नाश्ता या माँ का नामोनिशान नहीं था। उसने आवाज़ तेज़ करके पूछा, "कौन-से दोस्त हैं, ज़रा सुनूँ तो? कितना पूछते हैं तुझे तेरे वे दोस्त? कभी आते भी हैं तेरे घर?"

मनु टेबुल के पास बैठते हुए कहने लगा, "ओहो, अब बस भी करो! मैं खाकर ही जाता हूँ। तुम अब ज़रा ठंडी हो जाओ।"

दूसरा पराँठा तवे पर डालकर शोभा कहने लगी, "दोस्त, दोस्त, दोस्त! बस, हमेशा मौज़-मस्ती। काश! तेरे जाने के बाद तेरा कोई दोस्त कभी आकर अपना चेहरा ही दिखा जाता।"

मनु कुछ मुस्कराया, "क्यों आएँगे वे लोग यहाँ?"

कहने के बाद मनु को लगा उसे ऐसा नहीं कहना चाहिए था। इस बार शोभा खौल उठी, "हाँ, क्यों आएँगे? तू ही न उनके पीछे-पीछे रहता है, वीसीआर में कोई सिनेमा देखने को मिल जाए, होटल में कुछ मुफ़्त का खाने को मिल जाए।"

मनु ने खाना बन्द कर दिया, एकटक माँ की ओर देखा। बोला, "ठीक ही करता हूँ। कितना पॉकेट मनी देती हो मुझे सिनेमा, होटल के लिए?"

शोभा ने मुड़कर बेटे की ओर मुँह किया, तेज़ हाँफती छाती से कहा, "क्या बोला, ज़रा फिर से बोलना एक बार? तेरे कॉलेज का, हॉस्टल का ख़र्चा, इस फ़ैशन के पैंट-क़मीज़ के लिए पैसा कौन देता है, तेरा बाप?"

मनु खाना छोड़कर उठ गया। तवे से जला-धुआँ उठ रहा था। शोभा ऊँची आवाज़ में कह रही थी, "जा, अपने रईस बाप से जाकर कह—ख़रीद देगा तुझे वीसीआर।"

मनु का जवाब सुनाई नहीं दिया। रसोईघर के दरवाज़े तक आकर पहले शोभा ने बाहर के किवाड़ों को देखा—नहीं मोपेड टिका हुआ था दीवार से। मनु ने धड़ाम से बेडरूम के किवाड़ धकेल दिये। शोभा चिल्लाई, "किवाड़ों पर ग़ुस्सा क्यों उतार रहा है?"

रसोई में घुसकर एकतरफ़ा बड़बड़ाने लगी, "गाड़ी-किराया ख़र्च करके इतनी दूर से दो दिन के लिए आता है, किसलिए? भोर से उठकर तेरा मनपसन्द खाना बनाऊँगी, पसीने से लथपथ नौकरी करूँगी, रुपये लाऊँगी, लौटकर तेरे शर्ट-पैंट धोऊँगी, प्रेस करूँगी, धोबी का ख़र्च बचाऊँगी, क्योंकि साहब हमारे जाएँगे दोस्त-यारों की मजलिस में।"

शोभा ने ख़ुद को रोका, पल्लू से आँसू पोंछे, हर बार की तरह एक अचानक शर्म से जान गई कि यह उसकी अब की कही हुई बात नहीं है, काफ़ी दिनों की रटी-रटाई बातें दोहरा रही है वह। सिर के भीतर किसी कोष में रिकॉर्ड बनी पड़ी थी, न जाने कब से अनावश्यक सी। अब उस-जैसा कोई भी प्रसंग आते ही मानो ऐसी नई बात सोचने के लिए दिमाग़ नये सिरे से कोशिश करना नहीं चाहता। पुराना रिकॉर्ड अपने-आप घूमने लगता है, बज उठती हैं न जाने कब की बातें—सिर्फ़ बेमतलब की बात पर ठोकर खाते ही शोभा सँभाल लेती है ख़ुद को, "दिन-रात मैं ही घिस-घिसकर मरती रहूँगी? दिन में दफ़्तर। घर लौटते ही खाना पकाना, घर के काम-काज। तुम्हारी नौकरानी जो हूँ। जब जैसा चाहा, वैसे इस्तेमाल के लिए हूँ मैं?"

महज़ इतना ही नहीं। अब भी अक्सर लौट आता है वही एक-सा जवाब, मानो उसी रिकॉर्ड से, "ठीक किया। ठीक ही किया, जहाँ भी गया। अब कभी नहीं आऊँगा। दो पैसे कमाकर क्या लाती हो, समझती हो मुझे ख़रीद लिया है?"

किताब के पन्ने आगे-पीछे बेतरतीब से बँधे हों मानो।

शोभा ने तवा, आटा सब किनारे रख दिया। नाश्ता नहीं करता तो न सही, दोपहर का खाना रखकर जाएगी। इधर दफ़्तर का समय भी हो चला है।

मनु ने सामने किताब खोलकर रख ली ज़बरदस्ती मन लगाया। ऊँची आवाज़ में पढ़ता हुआ ख़ुद को समझाता सा नोट्स लिखा। जितनी भी तीखी कड़वी बातें आ रही हैं आने दो, अस्पष्ट हो जाएँगी बन्द दरवाज़ों पर।

न जाने कब उढ़के किवाड़ धीरे-से खुले। किवाड़ पकड़कर शोभा पलभर खड़ी रही। मनु उसी तरह किताब में सिर गड़ाए बैठा है, बाएँ हाथ की हथेली से उसके चेहरे का आधा हिस्सा ढका हुआ था। कैसा लग रहा है इस वक़्त वह चेहरा? उसी तरह कठोर होने लगा है क्या? शोभा का मन भीतर से सूख जाता है गीले फ़र्श की तरह। डर लगता है। उसकी अपनी ही बातों में कुछ सूखी आँच है क्या, मनु का मुलायम चेहरा भी सख़्त, ढीठ हो जाएगा उसके बाप की तरह?

बिलकुल अपने बाप की तरह दिखने लगा है। जब कभी धुँधलके में जूतों की आहट के साथ घर में घुसता है, शोभा लौट जाती उसी समय में, जिसे समझती थी कि वह भुला चुकी है। कॉलेज के दिनों में, खेल के मैदान में, पिकनिक में उस लम्बे गोरे चेहरे को देखते ही वह निहाल हो जाती। उस आदमी को अपना बना लेने के बाद भी, उसके बेटे को गोद में लेने के बाद भी, जब शाम को वह घर आता सारा दिन अलग रहने के बाद, अगली-पिछली स्मृति और चिन्ताएँ रोज़मर्रा के झंझट सब कुछ मन से एकबारगी मिट जाते, आँखों से होकर पूरी सत्ता में समा जाता सिर्फ़ वह सौम्य पुरुष। उसके बदन से लगकर, उसके सीने पर दोनों हथेली रख वह उसका चेहरा निहारती, मन-ही-मन ख़ुद से कहती—हाँ, यह आदमी मेरा है।

फिर बल्ब जलता साठ पावर का, रसोईघर में बिना सिर के नल से भस्-भस् पानी गिरने लगता जूठे बर्तनों पर। उस आदमी का चेहरा बदल जाता आकाश के बादलों की छवि-सा। वह पूछता, "खाना तैयार होने में और कितनी देर है? मैं बाहर एक चक्कर लगाकर आता हूँ, लौटकर खाऊँगा।"

शोभा जानती है कि अब वह नहीं लौटेगा खाने के लिए। सब्ज़ी ठंडी हो जाएगी, आसपास के फ़्लैट सुनसान पड़ जाएँगे, नीचे सड़क पर कुत्ते भौंकेंगे, शराबी गाना गाएँगे, शोभा राह देखती रहेगी खिड़की पर बैठी, ऊँघती रहेगी किसी पुरानी फ़िल्म की नायिका-सी।

जब शोभा जाने नहीं देती, पूछने लगती है, "क्यों, झटपट खाकर चले जाते तो कैसा रहता? क्या रोज़ाना जाना इतना...।"

घिर्र-घिर्र-घिर्र घूमने लगता रिकॉर्ड।

उसके बाद आँधी कैसे आई, किस तरह सब तोड़-फोड़ मटियामेट कर न जाने कहाँ चली गई,फिर सारा कुछ शान्त पड़ गया—याद करने की कोशिश करते ही स्वत: ताला बन्द हो जाता शोभा के अन्दर—छोड़ो वह सब। जाने दो जो कुछ गया। अब नहीं चाहिए।

शोभा क़रीब गई। मनु की खुली कॉपी पर फ़्लैट की डुप्लीकेट चाबी रखते हुए बोली, "मैं जा रही हूँ। कहीं जाना तो दोपहर को समय से आकर खाना खा लेना। तेरे इम्तहान को अब ज़्यादा दिन नहीं रहे न, समय बर्बाद मत कर, मैं सिर्फ़ इतना ही कह रही हूँ।"

मनु ने सिर उठाया। बाहर का दरवाज़ा बन्द होने की आवाज़ सुनाई दी। मनु ने लिख रहे पन्ने की ओर देखा, किताब से आँखों और हाथ के सहारे कई पंक्तियाँ कॉपी पर उतर आई हैं, दिमाग़ में कोई भी छाप छोड़े बग़ैर वह पेन बन्द करके उठा। साढ़े आठ बजे अरुण के घर पर उन सबको मिलना था। सारा प्रोग्राम चौपट हो गया। कुछ देर दुविधा में रहने के बाद वह फिर टेबुल-घड़ी देखकर खड़ा हो गया, शायद ज़्यादा देर नहीं हुई है।

तीसरी मंज़िल के छोटे फ़्लैट में अब वह मनमर्ज़ी जो चाहे कर सकता है शाम तक, रोकनेवाला कोई नहीं।

ड्राइंगरूम। दीवान अस्त-व्यस्त पड़ा है। आजकल उसके आ जाने पर माँ का बिस्तर दीवान पर लगता है। माँ सुबह से जुटी है रसोई में, बिस्तर समेट नहीं पाई। नहीं तो बेतरतीब कमरा वह देख नहीं सकती। बेडरूम में बहुत सारे सामान और एक ही पलंग है। मनु ने कई मर्तबा कहा है, तुम पलंग पर सो जाओ माँ, मैं दीवान पर सो जाऊँगा। माँ नहीं मानती। वह देर रात तक पढ़ता है। हॉस्टल से आए एक पहर भी नहीं बीता होता है, बेडरूम का टेबुल, फ़र्श, बिस्तर सब जगह फैल जाती हैं उसकी किताबें। माँ कहती, "इतनी कॉपी-किताबें लेकर नाहक इस कमरे में जाएगा। तू पढ़ यहीं, मैं ड्राइंगरूम में सो जाती हूँ।" शोभा को सुबह-सुबह उठना होता है।

मनु रसोई में गया, ढक्कन खोलकर देखा, सहेजकर रखी दाल, चावल और सब्ज़ी। वेस्टबिन में पड़ा है एक जला हुआ पराँठा।

लौटकर उसने दीवार की ताक़ से एक डिटेक्टिव किताब निकाली। बिस्तर पर पन्ने उलटते हुए ख़ुद से पूछा—क्या सोचकर मैं यहाँ आता हूँ। क़सम खाई थी की गरमी की छुट्टियाँ तो दूर की बात, दशहरे या गरमी की छुट्टियों में भी घर न

जाकर एक्सकरसन या ट्रेनिंग में चले जाते हैं। उन सबका परिवार क्या उन्हें नहीं चाहता या उनका मन नहीं होता घर का बना खाना खाने और दुलार पाने को?

पिछले तीन-चार साल से यही सिलसिला बन गया है, स्कूल छोड़कर कॉलेज जाने के दिन से। हॉस्टल में तीन दिन बीतते न थे कि माँ की चिट्ठी आ पहुँचती—ख़ाली घर काटने को दौड़ता है। शाम को इसके-उसके घर में बैठने के बाद देर से घर लौटती हूँ। सोचती हूँ, तू आएगा तब मिलकर बिरियानी और टमाटर की चटनी बनाएँगे। एक छोटा-सा ख़ूबसूरत गमला ख़रीदकर रखा है, जब तू आना, कहीं से भी कोई अच्छा-सा पौधा लाना, लगाएँगे।

चिट्ठी से लगता वाक़ई कोई एक जीवन थम गया है उसी के लिए। एक बोझ-सा लगता उसे अपने ऊपर। कितनी स्फूर्ति, कितनी ख़ुशियाँ अपने भीतर सँजो रखी—इनसान है उसकी माँ, मानो अब बर्फ़ बनती जा रही है। पिंजड़े-जैसे दो कमरेवाले उस फ़्लैट में, पर-कतरी चिड़िया की तरह, बेचारी! उसके घर पहुँचते ही सही जीवन लौट आएगा उस घर में।

मनु को याद आता अपने बचपन का वह ऊष्मभरा घर। याद आता धुँधला-धुँधला आधा सच, आधा सपना-सा। घुल-मिल गया रातों-रात—ठिठुरती जाड़े की आधी रात को मानो किसी ने रजाई खींचकर फेंक दिया तेज ठंड के साथ घुप्प अँधेरा। पर उसकी घबराहट ज़्यादा समय तक नहीं रही, माँ ने उसे गोद में उठाकर अपने आँचल से ढक लिया। उसी में फिर जब आँखें मुंद आईं, भुला गया रजाई के अन्दर का निरापद सुख। लेकिन वह नींद भी टूट जाती रह-रहकर। माँ ख़ुद ही जगा देती है, बार-बार आँखों में उँगली कोंचकर कहती, "यह देख, तेरे लिए कितना कुछ करती हूँ! देख, अपने शरीर की ओट में रखकर तुझे गरमाहट देती हूँ। तू सो कैसे जाता है जैसे कि कहीं कुछ हुआ ही न हो?"

कभी-कभार घर से निकलता तो दूसरों के घर की चहल-पहल देखकर अपने घर का अधूरापन याद आ जाता। बाहर की भीड़ में शामिल हो जाने को जी करता, हाथ की पहुँच में जो भी मिला, आपस में बाँट-बूँट लेने को। माँ ऐसा नहीं होने देती। अपने खोखले-से घर को भूल जाने के कारण उसे सज़ा देती है।

जब मनु स्कूल की परीक्षा के अन्तिम दिनों में रात-रात भर जगकर पढ़ता, माँ आकर उसके सिर पर हाथ फेरा करती। कहती, "पढ़, मेहनत कर बेटा! अपनी ज़िन्दगी अपने ही हाथों से बनाएगा, दिखा देगा एक दिन सबको।" मनु कल्पना

करता, उसका रिजल्ट अच्छा होगा। इंजीनियरिंग में सीट पाएगा किसी अच्छे कॉलेज में। उसके बाद नई ज़िन्दगी। इस दो कमरे के घुटनभरे फ़्लैट से कहीं दूर, जहाँ नहीं होंगी हज़ार पाबन्दियाँ और बातों के कोड़े।"

उसके बाद गुनहगार नज़रों से इधर-उधर देखता। दूसरे कमरे में लाइट जल रही है, माँ हाथों में कोई किताब लिये ऊँघ रही है। वह जानता है 'सो जाओ' कहने पर भी वह नहीं सुनेगी।

उसकी कल्पना के अनुरूप जब सब कुछ साकार हुआ, घर छोड़कर हॉस्टल जाते समय माँ को, अपने बँधे से व्यस्त घर को छोड़कर जाने का दुख उससे सहा नहीं जा रहा था। अपराध-बोध साल रहा था। चलते समय जब माँ ने पूजा पर चढ़ा फूल उसके कान में खोंस दिया, मनु रो पड़ा बच्चे की तरह।

"तुम्हें अकेला छोड़कर मैं नहीं जाऊँगा माँ!"

माँ ने ख़ुद पर क़ाबू रखकर चेहरे पर मुस्कराहट लाकर कहा था, "पगला कहीं का! इतना बड़ा हो गया, देखो तो, किस तरह रो रहा है। शुभ घड़ी में भला कोई ऐसा करता है!"

दूर शहर के हॉस्टल की ज़िन्दगी के तमाम नयेपन के बावजूद उसने दिन गिने थे, अन्त में दशहरे की छुट्टी होने से काफ़ी पहले जन्माष्टमी, पन्द्रह अगस्त, शनिवार, रविवार मिलाकर घर चला आया था। उसे इतने अचानक घर आया देख शायद माँ को अपने पाबन्दियों का कवच पहनने का अवसर ही नहीं मिला। वह उसे एकबारगी गले से लगाकर रो पड़ी।

लेकिन दो दिन भी नहीं बीत पाए थे कि घर की मीठी ऊष्मा एक तरह की खटास-भरी घुटन में बदल गई। मनु खुले में जाने के लिए छटपटाने लगा।

ऐसा नहीं कि सिर्फ़ दोस्तों की मजलिस के लिए ही माँ को एतराज़ था। अपने दो कमरों के फ़्लैट में पग-पग पर उसे माँ की बातों से ठोकर लगती है। माँ की ज़िन्दगी में इतनी बेतरतीब अनावश्यक काँटे-झाड़ियाँ हैं जिन्हें काटकर वह फेंक नहीं पाती, उलझ-पुलझकर गाँठ पड़ जाती है उनके सारे सम्बन्धों में।

शोभा को दफ़्तर में एक मेहनती कर्मचारी के रूप में सभी जानते थे। घर से निकलते समय बाक़ी दिनों की तरह उसने अपने अन्दर के इनसान को घर पर छोड़ दिया

और दरवाज़ा बन्द करके सड़क पर आते ही उस अकेली क़ैद ज़िन्दगी को हीन समझ नाक चढ़ाई, तरस खाई। अब उसके चारों ओर शोरगुल कर रहे सभी लोग अपने अन्दर के जीव को घर पर ताले में बन्द कर आए एक-एक ढाँचा हैं।

आज उसके उच्च अधिकारी सक्सेना साहब की विदाई की तैयारी चल रही है। ऑफ़िस में पार्टी और उपहार का आयोजन किया जा रहा है। पचास रुपये चन्दा है। शोभा ने सीधे मना कर दिया, "मैं क्यों दूँ पचास रुपये? उससे मेरी पटरी नहीं खाती थी।"

सुधा वर्मा ने अपनी पेंसिल से बनाई आँखें मटकाकर मीठी आवाज़ में कहा, "अब सम्बन्ध अच्छे-बुरे के बारे में क्यों सोच रही हैं मैडम? सब कुछ भूल जाने का समय जो आ गया है। सक्सेना साहब हमें हमेशा के लिए छोड़कर जा रहे हैं।"

शोभा ने तुरन्त दो-टूक जवाब दिया, "क्यों भई, जब भूलने का समय आ गया है तो पचास रुपये क्यों ख़र्च करूँ उसके लिए?"

सुधा ने अपने साथ आए सहकर्मी को तिरछी नज़र से देखा, "मैंने कहा था न?" इस बार रिले-रेस की तरह सहकर्मी की बारी थी, "देखिए मैडम, एक पार्टी होगी, ज़रा सोचिए। सभी इकट्ठे होंगे, खाना-पीना, नाच-गाना होगा। आप अकेली क्यों रह जाएँगी?"

शोभा ने उस तीसमार ख़ाँ छोकरे की ओर तनिक देखा और दाँत भींचकर कहा, "मैं अकेली रह जाऊँगी, क्योंकि यह कोई आम पार्टी नहीं है, इसमें मुख्य व्यक्ति होगा सक्सेना।"

दोनों के कमरे से बाहर चले जाने पर शोभा ने चैन की साँस ली। वह इन्हें जीतने क्यों दे? जो फुसला सका, दूसरे पर अपनी मर्ज़ी लाद सका, वही दूसरे की अंटी ढीली कर लेगा। अब उसके लिए यह सीखना बाक़ी नहीं है कि दूसरे के चेहरे पर मुस्कराहट बुझ जाना देखने का साहस जिसमें नहीं है, वह अपने हिस्से का जीवन कभी नहीं जी सकता।

यह बात सच है कि समय मिलने पर ज़रा सुख-दुख की बात करनेवाले लोग उसके जीवन में कम होने लगे हैं। हालाँकि वह भी अब जान गई है इस सच को कि दूसरे के दुख में दुखी होना घर-गृहस्थी वालों के वश की बात नहीं है। आख़िर कौन किसके दुख में शामिल होता है? दूसरे के लिए सहानुभूति जताते ही अपने दिल में निश्चित आश्वासन का भाव किसे नहीं होता? ख़ासकर उसकी तरह जो

लोगों की आँखों में एक बार गुनहगार बन जाते हैं किसी बँधे-बँधाए नियम को तोड़ने की वजह से, उसके साथ भला सुख-दुख कैसा? उसने तो मानो सुख पर अपना अधिकार विसर्जित कर दिया है।

सिर्फ़ एक अकेला बाक़ी बचा है उनकी दुनिया में मनु। इसलिए सोच-समझकर अपने लिए चुने हुए सारे नीति-नियम उसके सामने धरे रह जाते हैं।

मनु ने आज खाया होगा या नहीं? सारी बातें अनसुनी कर दोस्त-यारों के पास गया होगा या घर पर ही पढ़ाई कर रहा होगा? दो दिनों के लिए तो घर आया था बेचारा, आख़िर करे भी क्या दिन भर उस सूने कबूतरख़ाने-नुमा फ़्लैट में?

ख़ुद पर ग़ुस्सा आता, दोषी भाव उठते मन में। जिस तरह की कमी, दुख, एकाकीपन मुझे ही मिलना था उसमें से ज़्यादा हिस्सा मनु को क्यों नसीब हुआ? ज़्यादा हिस्सा नहीं तो और क्या? जीवन खिलने की शुरुआत में जो कुछ उसे मिलना था, मिलने की सारी सम्भावनाओं को लेकर जिस जीवन की शुरुआत हुई थी, वे तो नहीं मिल पाईं मनु को। अगर वह आदमी मेरे जीवन से न निकल गया होता तो और कुछ हो-न-हो, मनु पाँच दोस्तों के आगे ख़ुद को छोटा तो नहीं महसूस करता।

बसा-बसाया घर टूटने, धोखा खाने का दुख-दर्द अब मन में नहीं है। उस आदमी का अस्तित्व भी धुँधलाने लगा है। अब वह दुनिया के दूसरे लोगों में से एक है। कुछ दिनों तक दोनों की ज़िन्दगी एक हुई थी, एक-दूसरे को सुख दिया था कुछ दिनों तक। उसके बाद झगड़ा-झाँसा, नोच-खसोट कुछ दिनों तक। और आज लगता है—ख़ैर छोड़ो, वह जैसा भी है। मैं इसी तरह ठीक हूँ।

लेकिन मनु। और कुछ ठीक से रह सकता था। ऐसी अधकटी दुनिया, लोगों की बातें, आनेवाली ज़िन्दगी से इतना डर उसके हिस्से नहीं पड़ना चाहिए था।

मनु के बचपन में कई मर्तबा ऐसा समय आया है जब शोभा के अकेले रहने और मनु के भविष्य की पूरी ज़िम्मेदारी उठाने का साहस डगमगा उठा है। मान-अपमान को भूलकर शोभा ने उस आदमी को चिट्ठी लिखी यह जानते हुए भी कि वह नया घर-संसार बसा चुका है। शोभा ने लिखा था, "जो कुछ होना था हो चुका। हम दोनों तो अब दोस्ती-दुश्मनी सबकुछ से उबर चुके हैं। तुम्हारे सुख-दुख अब मेरे नहीं हैं, मेरे भी तुम्हारे नहीं। पर मनु तो जितना मेरा है, उतना तुम्हारा भी है। तुम इसे इनकार कैसे कर सकते हो? अपनी ज़िम्मेदारी और अपने बेटे का हक़ किस मुँह से नकार सकते हो?"

चिट्ठी लिखकर डालने के बाद एक अजीब-सी शर्मिन्दगी महसूस होती है। फिर भी जवाब की आस लगाए रहती है। जवाब नहीं आता—दिन के बाद हफ़्ते और महीने बीतने लगते हैं। ख़ुद को ओछा लगता है, अपमानित लगता है। फिर वह ख़ुद को समझाती-बुझाती है। चलो, मनु से सम्बन्ध बढ़ाता,कौन कह सकता है धीरे-धीरे मनु का झुकाव पिता की ओर नहीं जाता? जब तक होगा, उसके लिए जितना बन पाएगा सब कुछ करेगी। और उतने दिनों तक मनु पर किसी दूसरे का हक़ नहीं होगा मेरे सिवाय।

मन का अड़ियलपन एक-सा नहीं रहता हमेशा। कभी वह बुख़ार में पड़ी छटपटाती होती। बेचारे मनु को उसकी नन्ही दुनिया से चौंका-घबरा न देने के लिए नौकरानी के हाथ बैग-टिफ़िन देकर स्कूल भेज देती। उसके बाद पूरी दुपहरी बिस्तर में कराहती रहती अकेली। नौकरानी बाज़ार से दवा ख़रीदकर ला देती। सिरहाने पानी का गिलास,दूध और डबलरोटी रख जाती। बुख़ार उतरने पर भारी सिर लिये वह चिट्ठी लिखने बैठ जाती, "कहीं मुझे कभी कुछ हो न जाए। तुम नहीं उठाओगे तो कौन उठाएगा मनु की ज़िम्मेदारी? मैं नहीं कहती कि तुम उसे अपने घर में रखो। वह तो अब सम्भव ही नहीं। केवल एक वादा करो मुझसे, चिट्ठी में सिर्फ़ दोटूक बातें लिख दो, कि मुझे कुछ हो गया तो अपने बेटे को पैरों पर खड़े होने तक तुम सँभाल लोगे।"

जवाब नहीं आता—मानो वह किसी प्रेत से बातचीत कर रही है। शोभा ख़ुद को दिलासा देती है। वाक़ई, यदि वह प्रेत ही हो गया होता अब तक, तो मैं ही न लेती मनु की पूरी ज़िम्मेदारी। कई औरतें क्या नहीं सँभालतीं इससे भी अधिक बोझ, और भी कम उम्र में। मैं नाहक ही लालच करने लगती हूँ, क्योंकि वह आदमी ज़िन्दा है, समर्थ और कमाऊ है। इतनी सी बात भला मैं क्यों नहीं भुला पाती?

गर्मियों में मिट्टी के नीचे ज़िन्दा कन्द की तरह मन के भीतर अब भी बचा मुलायम-सा कुछ क्रमशः कठिन होता जाता है। मान-मनौवल से उसका कोई वास्ता नहीं। महज़ एक सूखते जाने का, ऐंठकर मरते जाने का अनुभव है।

समय-असमय घर आकर भाभी-भाभी कहते हुए रसोई से ख़ुद ही खाना परोसकर खाने वाले मित्र रवि, अब मुलाक़ात होने पर पनीली मुस्कान के साथ कैसी हो पूछते हैं। एक दिन ऑफ़िस के बाहर मुलाक़ात हो गई। शोभा ने कहा, "हमारे ऑफ़िस में आते हो और मिलते भी नहीं, क्यों? डरते हो, शायद कहीं कोई काम न डाल दूँ तुम पर?"

रवि ने अपने जूते की ओर नज़र टिकाकर जवाब दिया, "नहीं तो।"

शोभा ने पीछा न छोड़ने-सा कहा, "तो फिर चलो, कैंटीन में कॉफ़ी पीकर चले जाना।"

रवि ने आ-जा रहे लोगों की ओर झेंपकर देखते हुए कहा, "फिर कभी भाभी! कैंटीन नहीं, घर आऊँगा, खा-पीकर जाऊँगा।"

ऐसा नहीं कि रवि समेत पुराने-नये मित्र घर पर न आए हों, पर सम्बन्ध पहले जैसे नहीं रहे। किसी का साथ कमज़ोर होकर फीका पड़ गया है, तो कहीं घनिष्ठता नये सिरे से बढ़ गई है। वह भी निष्करुण, क्षणभंगुर। सबसे आत्मीय घड़ी में 'मैं हूँ जो तुम्हारे पास' कहने के बजाय मित्र कह बैठता, 'तुम्हें सख़्त-समर्थ होना होगा, शोभा! दुनिया से डरने से नहीं चलेगा, तुम्हें अकेले लड़ना होगा।' शोभा ने अनुभव किया है कि सख़्त-समर्थ करने के बदले उन सम्बन्धों ने उसके जीवन को अधिक दूभर किया है। जिन पड़ोसियों से सीढ़ियों पर मुलाक़ात होने पर दुआ-सलाम हो जाया करती थी, समय-असमय थर्मामीटर या सौ रुपये का छुट्टा माँग लिया करती थी, आजकल वे लोग भी जान-पहचान न होने-सा मुँह बनाते हैं। मनु का नन्हा उदास चेहरा और भी अशान्त, बेचैन लगता है।

पहले श्रीमती राय-जैसी सहेली कुछ नई चीज़ बनाना सीखती तो उसे खाने पर बुलाती, बाद में अकेले मिलने जाने पर चाय के लिए पूछकर कहने लगती, "आज हमें अमुक जगह जाना था।" अगर शोभा उसके पति के साथ एकाध बातें करने लगती तो वह भौंहें सिकोड़कर एक-दूसरे का मुँह ताकने लगते।

अपने चारों ओर की उर्वर मानव-प्रकृति को शोभा ने क्रमशः बंजर होकर फटा-फटा-सा होते देखा।

साल-दर-साल बीतने पर पीछे मुड़कर देखने से हालाँकि कई बातें साफ़ होने लगती हैं, पहेली बूझ जाने-सी। समझ में आने लगता है कुछ-कुछ, असह्य बेचैनी नहीं होती पहले जैसी। एक तरह से माफ़ी दे दी जाती है।

शुरू के दिनों में उसने ख़ुद ही मनु पर बाप की परछाईं नहीं पड़ने दी थी। महज़ मनु को खो देने के डर से नहीं, बल्कि इसलिए कि वह आदमी किसी भी तरह का सुख न भोग पाए। क्योंकि तलाक़ से सम्बन्ध टूटे नहीं थे। ईर्ष्या, घृणा और क्रोध की एक लपलपाती जलती रस्सी से दोनों काफ़ी दिनों तक बँधे रहे। अब कभी-कभी लगता है कि मनु के साथ उसके सम्बन्ध की डोर भी शायद उस आग में जल गई?

ऐसा नहीं होना चाहिए था। कहीं चूक हो गई। मनु ने काफ़ी दुख झेले, जीवन में हानि उठाई। क्या यह शोभा का ही दोष है?

जब मनु छोटा था, अपने मन को स्थिर कर शोभा उसके पिता के सारे अच्छे गुण, बीते हुए अच्छे दिनों की बातें बताती। मनु यह न समझे कि उसका बाप राक्षस था। वह आदमी तो अनजान बन चुका है, अब उसके साथ। पहले की नफ़रत या प्यार को कुरेदने से क्या फ़ायदा? सिर्फ़ मनु पर ध्यान देने की बात है। उस आदमी की वास्तविक स्थिति का अब हम दोनों की ज़िन्दगी से पूरी तरह मिट जाना ही बेहतर है।

पर मिटेगी कैसे? मनु बढ़ने जो लगा, लम्बा होकर बड़े आदमी-सा लगने लगा है, पुरुषों-सा। अपने बाप-सा। मेरी बात नहीं मानता। अपने लिए ख़ुद ही सोचने लगा है, करने लगा है।

एक दिन अख़बार का भीतरी पन्ना खोलकर बड़े उत्साह से बोला, "फ़ोटो देखा माँ?"

शोभा फ़ोटो देख चुकी थी। मनु को दिखाए या न दिखाए—इस दुविधा में पड़कर अन्त में दिखा नहीं पाई थी। लेकिन मन कह रहा था, काश! मनु अपने बाप का फ़ोटो देखता, जानता कि वह ऐसे-वैसे आदमी का बेटा नहीं है। फिर भी मनु का खिला हुआ चेहरा देखकर शोभा के बदन में आग लग गई। उसने पूछा, "किसका फ़ोटो?"

सकपकाते हुए आँखें झुकाए मनु ने कहा, "पापा का।" जबकि उसकी मुस्कान में दिखावेपन की झलक तक नहीं थी।

शोभा दाँत भींचे चुप रही, कामकाज में लगी सुनकर न सुनने-सी। बेटे को खाना परोसते समय ख़ुद को और नहीं सँभाल पाई, कह बैठी, "क्यों रे, आजकल पापा की बड़ी याद आने लगी है।"

मनु चौंक उठा, बोला, "फ़ोटो दिख गया, इसलिए कहा था। नाम जो लिखा था उनका।"

"मैं क्या मना कर रही हूँ। पिता के नाम पर ख़ुश होना कोई बुरी बात तो नहीं?"

मनु चुपचाप खाने लगा। पहले के कई मर्तबा जैसा शोभा कहने लगी, "मैं तो चाहती हूँ कि तू उन्हें पिता मान और वे तुझे बेटा मानें। मुझसे भले उनका सम्बन्ध नहीं है, ख़ून का रिश्ता तो पराया नहीं हो जाएगा।"

मनु ने जवाब नहीं दिया। शोभा ने कहा, "बड़े होकर तुझे तो उनसे अपना हक़ माँगना चाहिए। इससे मुझे ख़ुशी होगी।"

शोभा ने बेटे का चेहरा देखा, कुछ समझ नहीं आता उसमें। क्या सोच रहा है, क्या कुछ छिपा रहा है मुझसे? उसने कहा, "खाता क्यों नहीं रे? आलू की भुजिया कब से नहीं खाई है कह रहा था। हाँ सुन, तुझसे नहीं बता पाई थी, बता रही हूँ। उन्हें मैंने कई बार चिट्ठी लिखी है सिर्फ़ तेरे लिए। पिछली बार जब टाइफाइड ने घेरा था, और मुझे लगा कि अब बस चला-चली है, तो उनसे मैंने सिर्फ़ दो-टूक जवाब माँगा था कि मुझे कुछ हो जाए तो मेरे बाद तेरी ज़िम्मेदारी वे लें। जवाब तक नहीं आया।"

थप्पड़ खाने-सा मनु का कोमल चेहरा व आँखों को शोभा ने देखा। कुछ देर पहले का खिला चेहरा मुरझाकर झुक गया खाने की थाली पर। क्या ज़रूरत थी यह बात कहने की? छाती के अन्दर फिर मथ जाता है।

मन का दोषी भाव पीछा करता रहता दो दिनों तक, छोड़ता नहीं। बात की ओट में एक दिन शोभा ने हल्के ढंग से कहा, "मनु बेटे, इतना बड़ा हो चुका है, ख़ुद जाकर एक बार क्यों नहीं मिल आता उनके ऑफ़िस में? पहचानने के बाद क्या भगा देंगे?"

मनु ने माँ की ओर देखा मानो उसे यक़ीन न होता हो। फिर चिहुँककर बोला, "क्या कह रही हो माँ? मैं ख़ुद वहाँ जाकर उसकी ख़ुशामद करूँ? तुम्हारा दिमाग़ तो ठीक है न?"

"अरे नहीं मनु! आदमी ही तो हैं वे। हमने शादी करके घर बसाया था, वे तुझे गोद में लेते थे, पिठैंया बिठाते थे। तुझे तो ज़रा भी याद नहीं, इतना सा था। स्कूटर में बिठाकर ले जाते, पार्क में गोद में बिठाकर झूला झुलाते, आइसक्रीम खिलाते और तेरे होंठों को ख़ुद चाट लेते। जब तुझे निमोनिया हुआ था..."

"बस करो माँ, प्लीज़। मैं यह सब नहीं सुनना चाहता। कई बार सुन चुका हूँ। आदमी कुत्ता पालता है तो उससे भी लाड़-प्यार करता है, उसकी देखभाल करता है।"

"ऐसा मत कह मनु। मैंने देखा है, तू न सब कुछ भूल चुका है।"

"तो फिर वह कैसे भूल गया? ली है कभी उसने मेरी ख़बर?"

"ली थी मनु!" लेकिन यह दो-टूक बात उनके मुँह से निकली नहीं थी, हलक़

के नीचे से ही निगल गई थी वह। पकड़े जाने के डर से मुँह फेर लिया था। शोभा कैसे कह दे कि सिर्फ़ ख़बर ही नहीं, तुझे ही ले जाने की कितनी कोशिश-चतुराई की थी उसने आकर। एक बार गोद में लेने के लिए कितना घिघियाता रहा। लेकिन तब उस रिश्ते में मनु एक जोड़ नहीं, नुकीला हथियार था, जिसके हाथ में होता वह दूसरे को घायल करता। छोड़ो-रहने दो उन बातों को। मनु को बताने की ज़रूरत ही क्या है? आख़िर क्यों करूँ इतना त्याग, आत्मक्लेश?

मनु आदमी बन जाए, बड़ा हो जाए। फिर वह घर-संसार की चिन्ता छोड़ देगी। फिर से लौट आएँगे निश्चिन्त, ख़ुशहाली के दिन।

हालाँकि यह भावना ही सन्तोष के साथ एक ख़ालीपन ला देती है। और एक तरह का भय भी। यह चिन्ता और एहसास कि मनु अब बड़ा होने लगा है।

ऑफ़िस से लौटकर शोभा ने चैन की साँस ली। दीवार से मोपेड टिका है। अन्दर तकिये के पास खुली किताब रखे मनु न जाने कब से सो रहा है। क़रीब ही दो चाय के ख़ाली कप, कटोरी में नमकीन के दो-चार दाने।

सुख-चैन की यह घड़ी कहीं टूट न जाए सोचकर शोभा ने दबे-पैरों से साड़ी बदली और बाथरूम जाकर हाथ-मुँह धोया। घर लौटते समय वह बाज़ार से समोसे और जलेबियाँ लाई थी। पैकेट से निकालकर प्लेट में लगाकर रखा। फिर भी मनु सो रहा था, उसके होंठों पर ज़रा-सी मुस्कान तो नहीं? होगा शायद अपने उन्हीं दोस्तों के बीच।

लम्बी साँस छोड़ते हुए उसने सोचा—क्या मैं नहीं जानती कि हर बात पर टोका-टाकी अब और नहीं चलेगी। फिर भी मैं ऐसा बचकानापन क्यों करती हूँ। महज़ बचकानापन ही नहीं, मनु की नज़रों में तो 'साक्षात् कालका माई'।

अभी कुछ ही दिनों पहले, पिछली छुट्टियों में जब मनु आया था, ऐसी ही एक भरी-पूरी घड़ी में शोभा ने पूछा था, "एक बात कहूँ बेटे, मेरी क़सम खाकर बोल, तू मानेगा?"

मनु ने ख़ुशी-ख़ुशी कुर्सी के पिछले दो पैरों पर झूलते हुए मिठाई और मैगज़ीन के बीच से कहा, "बोलो!"

शोभा ने रुक-रुककर झेंपते हुए कहा, "अगर कभी वे तुझे अपनी ओर से अपनाना चाहें तो 'न' मत करना। उसमें तेरी भलाई है और मैं भी निश्चिन्त हो जाऊँगी।"

मनु पत्रिका से नज़रें उठाकर पल भर रुका। फिर कुछ सोचकर सिर्फ़ मुस्करा दिया। इतने में ही पूर्ण विराम लग गया बातचीत में।

मनु का वह जवाब कई दिनों तक शोभा को सालता रहा और फिर इधर-उधर की बातों में फूट-फूटकर निकला। उसके बाद छुट्टी पूरी होने से पहले ही मनु लौट गया था किसी बहाने।

शोभा ने उसे आवाज़ दी, "क्यों रे, दिन छिपने को आया और तू अभी तक सो रहा है? तबीयत ख़राब नहीं हो जाएगी?"

मनु ने आँखें खोलीं, अँगड़ाई लेते हुए उठा। टेबुल पर नाश्ता देखकर ख़ुश हुआ। बिना कुछ बोले उठते-उठते एक समोसा लेकर मुँह में भर लिया।

शोभा ने मीठी-सी झिड़की देते हुए कहा, "छि-छि, नींद से उठकर कुल्ला किए बग़ैर खा गया। अब जा कहाँ रहा है?"

मनु ने भरे हुए मुँह से पलटकर जवाब दिया, "तुम खाती रहो, मैं चाय बनाकर लाता हूँ।"

शोभा ने कुर्सी पर बैठ दोनों पैर खाट पर रख लिये। पंखे की हवा सोखते हुए सोचने लगी—नाश्ते के बाद मैं मनु को ज़बरदस्ती बाहर घूमने भेज दूँगी। मेरी बात का मतलब यह तो नहीं था कि दिन भर वह घर ही में घुसा रहे?

मनु ने रसोई से ही पूछा, "माँ, तुम आज लंच-बॉक्स ले गई थी या उसी कैंटीन के दोसा से ही काम चला लिया?

शोभा सिर्फ़ मुस्कराई। ट्रे में चाय लाकर मनु ने कहा, "ड्राइंगरूम का डेकोरेशन कैसा हुआ है, देखा या नहीं?"

शोभा महज़ मुस्कराई भर।

चाय का कप बढ़ाते हुए मनु ने कहा, "इसके बाद मैं अपनी तैयारी में लग जाऊँगा। कल मुझे जाना होगा।"

"कहाँ?" शोभा ठिठक गई।

चाय पीते हुए मनु बेपरवाह-सा बोला, "हॉस्टल, और कहाँ? आज मनोज आया था, उसने फ़ोन करके पूछा था। पता चला कि स्ट्राइक वापस ले ली गई है।"

शोभा ने तेज़ निगाह से उसकी ओर देखा, उसका चेहरा चाय के कप में झुका हुआ था। शोभा ने बैठी हुई आवाज़ में कहा, "ठीक है जा, जब तेरी इच्छा हो, जा।"

मनु ने सिर उठाकर सामने दरवाज़े की ओर देखा, मानो उसकी लम्बाई-चौड़ाई का अन्दाज़ा लगा रहा हो। कहा, "इच्छा की वजह से नहीं जा रहा हूँ, माँ। मुझे जाना ही होगा, कल से क्लास जो शुरू हो जाएँगी।"

मनु ने धीरे से माँ की ओर निगाह घुमाई। मानो वह सामने की दीवार का रंग परख रही है। कोई जवाब-तलब तक नहीं कर रही। मनु ने कहा, "न गया तो मेरे क्लास मिस हो जाएँगे। सेमिस्टर परीक्षा को अब महीना भर भी नहीं है, पेपर ख़राब हो जाएँगे।"

शोभा ने नज़र लौटाकर भौंहें सिकोड़ीं, "हो तो गई बात, चिल्ला क्यों रहा है? तुझसे कोई कुछ कह भी रहा है?"

"तुम सोचती हो मैं बहाना बनाकर जा रहा हूँ। मैं जानता हूँ तुम यही सोच रही हो। तो ठीक है, मैं नहीं जाऊँगा कल।"

ख़ाली कप लिये हुए शोभा उठ खड़ी हुई। कहा, "तेरे रहने न रहने से घर में क्या फ़र्क़ पड़ता है? मुझे दुनिया भर के काम से फ़ुरसत नहीं मिलती। अब मेरा भेजा ख़राब मत कर। दफ़्तर से लौटी हूँ। कुछ देर लेट लूँ। चल, तू जा तो यहाँ से।"

मनु झटपट चला गया वहाँ से अपना मोपेड लेकर। पीछे-पीछे जाकर शोभा ने बाहर का दरवाज़ा बन्द किया। लौटकर देखा, दीवान सजा है, नई चादर बिछी है, पिछली बार दोनों ने मिलकर एम्पोरियम से लिया था। दीवार की तसवीरें, ताक़ की मूर्तियाँ सब इधर-उधर बदली जाकर सजी हैं, झाड़-पोंछकर चमकाई गई हैं। दीवान पर बैठते हुए शोभा ने अपना पल्लू मुँह-आँख पर भींच लिया।

नियति मेरे साथ मज़ाक़ कर रही है। वह आदमी बार-बार डराता है मुझे मनु के रूप में आकर। आगामी कल में रोप देता है अतीत की कोई लुभावनी तसवीर, जिसके ध्वंस होने की बात मुझे याद है।

मनु को लौटते-लौटते आठ बज गए थे। दरवाज़ा खोलकर शोभा फिर से रसोई में जुट गई थी। मनु गुनगुनाते हुए माँ के पीछे-पीछे आया, फ्रिज खोलकर यों ही कुछ तलाशने लगा। फिर ककड़ी-टमाटर निकालकर सलाद बनाया। बोला, "मनोज ने कहा है कि दुबारा फ़ोन करके ठीक से पूछेगा। पर वह मिला नहीं। कहीं गया है, घर पर नहीं है।"

माँ ने कुछ नहीं कहा। मनु ने सलाद के ऊपर हरी धनिया और मिर्च सजाकर प्लेट को ढक दिया। सोचा, अब क्या किया जाए? उसने ख़ूब सोचा था, किसी

तरह और कुछ घंटे माँ के साथ बिना वाद-विवाद के बिताएगा, कल जाने तक। आख़िरकार वह पढ़ाई के टेबुल पर जाकर बैठ गया।

न जाने कितनी देर बाद शोभा आई, उसकी पीठ पर हाथ फेरती हुई बोली, "चल मनु, खाना खा लें।"

मनु खड़ा हो गया, डरते-डरते माँ के चेहरे की ओर देखा। एक छोटे क़द का इनसान, पूरे चेहरे पर रेखाएँ खिंच आई हैं। आँखें लाल फूली-फूली सी लग रही हैं। अपने से हाथ भर ऊँचे चेहरे को निहार रहा है वह चेहरा—वयस्क माँ का नहीं, एक छोटे बच्चे का घिघियाया हुआ चेहरा।

मनु ने सोचा—वह किस तरह माँफी माँगे। और उसी पल उस प्रौढ़ निरीह चेहरे ने चिरौरी-भरी आवाज़ में कहा, "मेरी बातों का बुरा मत मानना मनु, मुझ पर ग़ुस्सा मत रखना।"

मनु को ऐसा लगा कि हाथ पकड़कर दो कमरे पार करके जो उसे रसोई में ले जा रहा था मानो वह कोई डरी हुई बच्ची है, साथ ही पीठ और कन्धे पर किसी तरह बेइन्तहा बोझ लादे कोई असहाय प्रौढ़ भी।

माँ के खाना परोसते समय मनु ने दाँत निपोरकर कहा, "सॉरी माँ! लेकिन मैं वाक़ई मनोज को पूछने गया था।"

शोभा ने सहज भाव से कहा, "तेरे लिए कुछ मिठाई तो बना ही नहीं पाई घर में। शक्कर ज़्यादा नहीं है। थोड़ी-सी मट्ठियाँ बना दूँगी, ले जाना।"

मनु के गले में निवाला अटक गया। वह समझ गया कि अब लौटने का उपाय नहीं।

"तेरे कपड़े तो धुल गए न? दो पैंट प्रेस होने थे।"

"मैं कर लूँगा। तुम क्यों परेशान होती हो।"

"तूने तो कुछ खाया ही नहीं मनु। ले, ज़रा-सी खीर और ले।"

"भूख नहीं है ज़रा भी माँ।"

"दोपहर को सो गया, इसीलिए। कल तू चला जाएगा, आज ज़रा जाकर दोस्तों-यारों से ही मिल आता।" मनु ने माँ का चेहरा देखा, उस आवाज़ में कहीं व्यंग्य तो नहीं, भाँपने की कोशिश की उसने।

रसोई का काम ख़त्म करके एक कप गरम कॉफ़ी लिये हुए शोभा ड्राइंगरूम में जाकर बैठ गई। साइड टेबुल से एक मैगज़ीन उठाते-उठाते फिर रखते हुए आवाज़ लगाई, "मनु! सो गया क्या रे? या बक्सा लगा रहा है?"

"नहीं माँ, बस एक बैग भर ही तो लाया हूँ। ज़रा पढ़ रहा था।"

"कल तो चला जाएगा। चल आ, थोड़ी गपशप कर लें।"

थोड़ा रुककर मनु का जवाब आया, "घंटा भर पढ़ लूँ माँ, पिछले कई दिनों से किताब को हाथ तक नहीं लगाया।"

"अरे बेटे, हॉस्टल जाकर तो रोज़ पढ़ना ही है, चल आ जा! क्या अब भी नाराज़ है?"

मनु लम्बी साँस छोड़ते हुए पेन बन्द करके उठा। छुट्टी में घर आते समय सोचा था कि ये दो चैप्टर ख़त्म कर लेगा, एक भी नहीं कर पाया।

जमुहाई लेते हुए वह सामने सोफ़े पर बैठ गया और मुस्कराते हुए बोला, "कॉफ़ी पी रही हो। फिर कहोगी नींद नहीं आ रही।"

साबुन से मुँह धोकर शोभा ने जैसा-तैसा एक जूड़ा बाँध लिया था। निर्मल लग रहा था वह चेहरा, एक दस साल की लड़की-सा।

"बेटे! मैंने काचरू साहब से तेरे बारे में बात की थी। तेरा फ़र्स्ट क्लास आ जाए तो वे तुझे लगवा देंगे। बहुत अच्छा प्रॉस्पेक्ट है वहाँ, समझा।"

थका हुआ सा मनु ने चेहरे पर हाथ फेरा। बोला, "पहले पढ़ तो लूँ माँ। बहुत बाक़ी है पढ़ाई।"

"सब हो जाएगा बेटे, घबरा क्यों रहा है? भला तुझसे नहीं होगा? मैं जानती हूँ, तू सब कुछ कर लेगा।"

मनु के सीने में फिर कहीं से ज़रा-सा ग़ुस्सा उठता है। इस तरह की कुछ बातों के ज़रिये माँ अनायास ही अपने कन्धों का बोझ उतारकर उस पर रखने को उतारू है। वह माँ की ओर देखता है, माँ दोनों पैर ऊपर करके इस तरह सिकुड़ी हुई बैठी है मानो जाड़े की रात में आग ताप रही हो सिगड़ी के पास बैठी।

उस चेहरे का सन्तोष संचरित होने लगता है मनु के चेहरे पर अनजाने ही। वह पूछता है—"कैसी नौकरी की बात कर रही थीं?"

महानगर के एक हिस्से में एक उप-सड़क है। वहीं तमाम ऊँची-ऊँची इमारतों में से एक छोटा-सा फ़्लैट है। सभी इमारतों में इधर-उधर लाइट बुझ रही है, यहाँ-वहाँ एक के बाद एक थोड़े-थोड़े अँधेरे के छोटे-छोटे चौकोर मिलकर सारे भवन को अपनी चपेट में लेते जा रहे हैं। उसी के बीच रोशनी-भरे चौकोर खोखे में उस समय अनगिनत तसवीरें बनती चली जा रही हैं।

शोभा कहती है, "गाड़ी-साड़ी हमारे न भी हो तो चलेगा, पहले हम एक फ़्लैट ख़रीदेंगे। ख़रीदेंगे न?"

मनु होंठ दबाकर मुस्कराता, किसी वयस्क की गम्भीरता से सिर हिलाता। चुटकी लेते हुए पूछता, "पहले वीसीआर लेने की बात जो थी?"

शोभा कहती, "तू दूर रहता है इसलिए समय काटने के लिए न मैं वीसीआर की बात सोच रही थी। जब तू साथ रहेगा, तो पहले कहीं फ़्लैट देखेंगे, क़िस्तों में।"

"ऐसी-वैसी जगह नहीं, कहीं अच्छी जगह होगा। तुम्हारे बेडरूम में बढ़िया वार्डरोब होंगे, खुली हवा आती होगी और पेड़-पौधे दिखाई देते होंगे खिड़की से।"

शोभा हँसती, ऐसी खिलखिलाहट भरी हँसी जो गले के पास गिलौरी बनकर कन्धा और पीठ हिलाती रहती न जाने कितनी देर तक। नीचे सड़क से कुत्तों का भौंकना, चौकीदार की सीटी वहाँ तक कुछ नहीं पहुँच पाते।

"और घर के अन्दर की चीज़ें लाएगी तुम्हारी बहू, क्यों है न?"

"शरारती कहीं का! देखो तो कितनी दूर तक सोचने लगा है। पर मनु, लड़की भर अच्छी हो बेटे, मैं तो भगवान से इतना ही माँगती हूँ।"

"क्या कहा, अच्छी लड़की? क्या मुझे कोई अच्छी लड़की नहीं मिलेगी?"

शोभा के चेहरे की हँसी कुछ देर के लिए खो जाती है। वह कहती, "अरे नहीं बेटे, हम तीनों मिल-जुलकर रहेंगे। मुझे साथ रखकर निबाह ले, क्या ऐसी लड़की दुनिया में नहीं होगी?"

"माँ, क्या ऐसी लड़की भी होगी कहीं जो तुम्हें पसन्द न करे?"

"चल हट, तू बड़ा झूठा है रे मनु। एक़दम अपने बाप की तरह।"

"माँ प्लीज़! कुछ बोलो मत। सिर्फ़ सुनो न मेरी बात।"

खिड़की की मुँडेर पर एक टूटे गमले में न जाने कब से भूले हुए कैक्टस के पौधे पर उस दिन एक नन्हा-सा लाल फूल खिला था।

"मैं ज़रा तीरथ-सीरथ करने जाऊँगी मनु, सारे झंझट ख़त्म होने पर।"

"तीरथ-सीरथ नहीं जाएँगे।"

"क्या मतलब?"

"यह कहो माँ कि घूमने जाएँगे। ट्रैवेल करेंगे, तुम जहाँ कहोगी, वहीं...।"

"बद्रीनाथ, केदारनाथ?"

"ख़ूब मज़ा आएगा। लेकिन चलना पड़ेगा, ठंडे में, बर्फ़ में..."

शोभा हँसती। जमुहाई लेते हुए कहती, "तुझसे तो बस जितनी हवाई बातें करवा ले कोई। ठीक इसी तरह कहा करता था..."

ज़बरदस्ती खोले रखने पर भी आँखों की पलकें बोझिल हो आती हैं। सारे दृश्य गड्ड-मड्ड हो जाते हैं। चारों ओर लम्बे-लम्बे हरे पेड़, ज़मीन से आसमान तक। बीच में कूदती-फुदकती चली जा रही है एक नन्ही-सी लड़की, पैर जिसके नहीं पड़ रहे ज़मीन पर।

✪✪✪